AF546752

Peter Schmitt ist Musiker und promovierter Philosoph. In Musik und Schrift verarbeitet er den Weltzustand Technik und dessen Auswirkungen auf Mensch und Gesellschaft.

PETER SCHMITT

Über Wahrheit im außerdigitalen Sinne

Meiner

Bibliographische Information der Deutschen Nationalbibliothek

Die Deutsche Nationalbibliothek verzeichnet diese Publikation in der Deutschen Nationalbibliographie; detaillierte bibliographische Daten sind im Internet über ‹https://portal.dnb.de› abrufbar.

ISBN 978-3-7873-4570-0
ISBN eBook 978-3-7873-4571-7

Umschlaggestaltung: Stefan Adamick unter Verwendung einer Illustration von Shany Muchnik (Shutterstock)

Bildnachweis: Pexels.com (S. 6, 152)

 Satz: Jens-Sören Mann. Druck: Stückle, Ettenheim. Gedruckt auf alterungsbeständigem Werkdruckpapier.
Printed in Germany

Inhalt

Prolog

Es macht im Grunde keinen Sinn: Wir, auf einem unbedeutenden Planeten, »in irgendeinem abgelegenen Winkel des in zahllosen Sonnensystemen flimmernd ausgegossenen Weltalls«[1]. Was bringt, in Anbetracht der Flüchtigkeit unseres Lebens, die Suche nach so etwas wie Wahrheit? Es lässt sich über sie ja kaum vernünftig reden. Für viele gibt es sie nicht mal. Sie sei ein gefährliches und anmaßendes Projekt, weil der Glaube an sie immer in falsche Gewissheit umschlage, eine pathetische Geste der Spezies Mensch und damit eigentlich bedeutungslos.

Dabei ist die Suche nach ihr nichts weniger als das Programm unserer Kulturgeschichte selbst. Alle Künste sind auf sie geeicht: Bilder, Filme, Texte sind nur dann gut, wenn sie Wahrheit in sich tragen. Und da langt es dann, wenn man sie erahnen kann. Die Wahrheit regt uns seit jeher zu den erstaunlichsten individuellen und kollektiven Leistungen an. In der konkreten Lebenspraxis ist sie ein Risiko. In zurückgezogener Reflexion hingegen wird sie zur vielschichtigen und fragilen Angelegenheit.

Dort funktioniert sie fast wie ein geistiges Hormon, das tief gehende Denkprozesse initiiert. Mit der Wahrheit kann man nicht an der Oberfläche bleiben, sondern späht immer in Abgründe. Mit ihr ist das Nervensystem der Wissenschaften freigelegt. Erst die Suche nach ihr füllt den philosophischen Gedankengang mit Leben. Blutarm jener, der sie aus den Augen verloren hat. Sie beflügelt und verführt. Für sie gehen Menschen über ihre Grenzen und bringen sich in Gefahr. Manche gehen für sie sogar in den Tod. Von einem Mangel an Bedeutung kann man bei ihr also eigentlich kaum reden.

Sie kolportiert vielmehr ein unerklärliches Zuviel davon.

Die Wahrheit ist so bedeutungsvoll, dass wir es mit ihr eigentlich gar nicht aushalten können. Sie überfordert uns. Und doch denken wir – als wäre sie ein Fehler in unserem System – regelmäßig über sie nach. Sie ist wie ein neurotischer Wiederholungszwang, bei dem wir immer wieder an den gleichen Stellen landen: Es gibt sie eigentlich nicht. Und wenn es sie gäbe, dann könnten wir sie bestimmt nicht begreifen. Sie entspringt dem Glauben an etwas. Jeder konstruiert sich seine eigene. Sie ist Zeugnis sprachlicher Selbstüberschätzung. Etwas, das wir erfunden haben, um uns nicht so bedeutungslos vorzukommen – inmitten der gewaltigen und unbegreiflichen Dimensionen, der unendlichen Geschichte von Werden und Vergehen.

Und gerade da, in den gewichtigen, unveränderlichen Koordinaten unseres Daseins blitzt sie grell auf: in Zeit und Raum, in der Geburt, im Leiden, im Sein, in Angst, im Überlebenskampf, im Widerspruch, in Kunst, in Tugenden, im Erhabenen, im Tod. Sind aber diese sogenannten Wahrheiten nicht doch nur Worte, die uns womöglich zu groß geraten sind? Wortgebirge, die aus der Vergangenheit in die Gegenwart ragen? Können sie überhaupt so wesentlich sein, wie sie zu sein vorgeben? Die Bedeutsamkeit der Wahrheit hallt ja konsistent in unserer Alltagssprache nach: Wir unterscheiden rigoros zwischen dem besonderen, teuren »Wahren« und dem gewöhnlichen, billigen »Unwahren«. »Wahre Freundschaft« gibt es nicht auf Facebook. »Wahre Liebe« ist nicht »nur« Liebe, sondern die eine, große, ohne die man im Leben keinen Sinn mehr sieht.

Wahrheit ist dann tief empfundene Bedeutungsspitze, die auf ominöse Weise unerklärlich bleibt, das »Ding an sich«, das man nicht erkennen kann. Warum es die Liebe des Lebens war, kann man letztlich nie so ganz genau sagen. Auch den »wahren Freund« umgibt ein Nimbus der Unerklärlichkeit. Dem wahren Gehalt des Lebens haftet etwas zutiefst Unplausibles und Unheimliches an. Und damit drückt sich gewissermaßen eine Wahrheit im Verhältnis zur Wahrheit selbst aus: Man sollte im Umgang mit ihr nicht zu direkt sein, ihr nicht zu nahekommen. Denn sie verschwindet sonst. Als ob sie neben der Wirklichkeit ein scheues Eigenleben führen würde, das man nur von weitem (bei bestimmten Lichtverhältnissen) beobachten kann. Überhaupt das Licht. Es ist *die* Allegorie auf die Wahrheit. Und der Himmel, der ist voll davon.

DER BESTIRNTE HIMMEL

Es ist Nacht. Unvorstellbar und doch – wenn es das Wetter erlaubt – sichtbar, ist der Sternenhimmel das wohl mysteriöseste Phänomen, dem wir gegenüberstehen. Er kommt uns als überwältigende Erscheinung zu und ist nicht zu begreifen: die weiß schimmernden Punkte im schwarzen Nichts. Galaxien, Millionen von Lichtjahren von uns entfernt, ihr Licht bereits Millionen Jahre alt. Wie könnten wir das je verstehen? Wir müssen die gewaltigen Ausmaße einfach hinnehmen und akzeptieren, selbst ein winziger, flüchtiger Teil eines gewaltigen Ganzen zu sein. Doch gerade entgegen dieser Bedeutungslosigkeit und Flüchtigkeit begeben wir uns auf die Suche nach Wahrheit. Philosophie muss beim Blick in die Sterne entstanden sein, aus Trotz. Es ist in der Tat unwahrscheinlich, dass der Mensch der Vorzeit beim Beerensammeln oder auf der Jagd angefangen hat, die verborgenen Zusammenhänge seiner Existenz in Frage zu stellen. Erst mit den spekulativen Erwägungen zu den ominösen Umständen (unter denen wir auch heute noch unser Dasein fristen) hat er sich in die Tiefen der philosophischen Auseinandersetzung begeben können. Und der Nachthimmel war in einer Zeit lange vor den Stadtlichtermeeren der Großstadt das eindrücklichste Phänomen, das ihn immer wieder zu bestimmten Fragen bewegt haben muss. Immanuel Kant entdeckte eine eigenartige, sich selbst verstärkende philosophische Dynamik in der Ästhetik des Nachthimmels. »Je öfter und anhaltender sich das Nachdenken« mit ihm beschäftigt, bewegt er uns zu »immer neuer und zunehmender Bewunderung und Ehrfurcht«. Der »bestirnte Himmel«[2] kam für ihn noch vor dem moralischen Gesetz. Der »Anblick einer zahllosen Weltenmenge vernichtet gleichsam meine Wichtigkeit, als eines tierischen Geschöpfs, das die Materie, daraus es ward, dem Planeten (einem bloßen Punkt im Weltall) wieder zurückgeben muß, nachdem es eine kurze zeit (man weiß nicht wie) mit Lebenskraft versehen gewesen«.[3] Erstaunlich: Der Nachthimmel bewegt selbst den Begründer der transzendentalen Erkenntnistheorie zur Relativierung seiner selbst.

Lange vor Kant beginnt die europäische Philosophiegeschichte mit einem Denker, der beim Blick in den Sternenhimmel in einen Brunnen fällt. Konzentriert auf das sich ihm bietende Schauspiel vergisst er die Welt um sich herum und stolpert in den tiefen Schacht. Die Anekdote über Thales wird meistens verwendet, um den abgehoben weltfremden Typus des Philosophen darzustellen. Dabei verdeutlicht sie vor allen Dingen die Wichtigkeit des Nachthimmels selbst. Oder besser: Die Wichtigkeit des Nachthimmels als Inspirationsquelle, als Impulsgeber zum gedanklichen Verweilen vor der dubiosen flimmernden Unermesslichkeit. Und die umgibt uns jede Sekunde unseres Daseins. Hier und jetzt. Dabei ist der Himmel prinzipiell Teil unserer Welt und doch gleichzeitig auch nicht. »Der Sternenhimmel als ›äußerste Peripherie der menschlichen Lebenswelt‹ [...], wie der stoische Philosoph Poseidonios den Himmel apostrophiert, entzieht sich dem unmittelbaren Zugang der Menschen, erstreckt sich jedoch sichtbar über den gesamten nächtlichen Himmel über ihnen und gehört als ›Grenze‹ dieses Raumes dennoch zum System der Welt dazu.«[4] Es scheint, dass genau diese Ambivalenz den Himmel so faszinierend macht. Er ist ultimative Grenze und gleichzeitig Teil von uns. Wer einmal die Möglichkeit hat, den Sternenhimmel – wie er sich uns bietet – in vollem Volumen zu erleben, samt Silhouette der Milchstraße, die langsam bei einsetzender Morgendämmerung einem fulminanten Farbenspiel am Horizont weicht, wird es nicht leugnen können: Philosophie entzündet sich automatisch beim Blick nach oben und mischt sich mit purer ästhetischer Entrückung und einer Ahnung davon, dass etwas wahr sein muss, das weit über uns hinaus geht.

Wahr ist damit unsere Begrenztheit. Auch über die lässt sich nicht sinnvoll reden. Das macht gerade die Grenze aus. Die Beschränktheit unseres Geistes können wir nicht von außen betrachten. Wir bleiben immer in ihm gefangen. Wir sind immer Teil eines limitierten Ganzen. Friedrich Nietzsches berühmte Eröffnung seines Essays »Über Wahrheit und Lüge im außermoralischen Sinne« beginnt mit dem selbstreflexiven Blick in die Sterne. Unbedeutend und weit ab vom Schuss wir Menschen, »kluge Tiere«, die »das Erkennen erfanden«. Wie ein Monument stehen diese einleitenden Gedanken da: »Es war die hochmütigste und verlogenste Minute der ›Weltgeschichte‹: aber doch nur eine Minute. Nach wenigen Atemzügen der Natur erstarrte das Gestirn, und die klugen Tiere mußten sterben. – So könnte jemand eine Fabel erfinden und würde doch nicht genügend illustriert haben, wie kläglich, wie schattenhaft und flüchtig, wie zwecklos und beliebig sich der menschliche Intellekt innerhalb der Natur ausnimmt. Es gab Ewigkeiten, in denen er nicht war; wenn es wieder mit ihm vorbei ist, wird sich nichts begeben haben.« Das Eingesperrtsein in unsere Wahrnehmung und unser primäres Medium (die Sprache) scheint eine Wahrheit zu sein, der wir nicht entkommen können. Mehr noch: Unser Intellekt bleibt im Zuge dessen immer hinter den gewaltigen Ausmaßen der Welt zurück. »Denn es gibt für jenen Intellekt keine weitere Mission, die über das Menschenleben hinausführte. Sondern Menschlich ist er, und nur sein Besitzer und Erzeuger nimmt ihn so pathetisch, als ob die Angeln der Welt sich in ihm drehten. Könnten wir uns aber mit der Mücke verständigen, so würden wir vernehmen, dass auch sie mit diesem Pathos durch die Luft schwimmt und in sich das fliegende Zentrum dieser Welt fühlt.«[5] Unser intellektuelles Pathos überlagert die Erkenntnis unserer mückenhaften Existenz. Wie die Mücke sind wir eingesperrt in unsere Wahrnehmung und bilden uns ein, die Welt, wie sie ist, erkennen zu können. Doch niemand kann eigentlich sagen, wie die Welt wirklich sei. Inmitten unserer

Wahrnehmungsgrenze bleibt sie uns (und allen Mücken) auf seltsame Art unzugänglich.

Dabei ist es doch die Mücke, die ihre Welt erst erzeugt. Und wir sind es, die den bestirnten Himmel erst zum Leben erwecken, könnte man Nietzsche entgegenhalten. »Allein durch das Licht des Bewusstseins wird das Universum sichtbar, und sollte dieses Licht verlöschen, bliebe nur das Nichts. Außerhalb der erleuchteten Bühne des menschlichen Bewusstseins ist der mächtige Kosmos bloß eine geistlose Unwesenheit. Nur durch menschliche Worte und Symbole, die menschliches Denken festhalten, kann das von der Astronomie erforschte Universum von seiner immer währenden Leere erlöst werden.«[6] Bei Lewis Mumford ist nicht der Mensch in seiner arroganten Selbstüberschätzung unbedeutend, sondern vielmehr das Universum tot, ohne den Menschen, der es erst zum Leben erweckt. Er erkennt – wie Nietzsche ein knappes Jahrhundert vor ihm – das sich nie auflösende Problem der antropomorphen Bedeutungszuschreibung. »Jeder Versuch, den Milliarden Jahren, die der Kosmos vor dem Auftreten des Menschen anscheinend existiert hat, objektive Realität beizumessen, schmuggelt heimlich einen menschlichen Beobachter in diese Feststellung, denn es ist die Fähigkeit des Menschen, rückwärts und vorwärts zu denken, die diese Jahre erschafft, sie zählt und mit ihnen rechnet. Ohne die zeitsetzenden Aktivitäten des Menschen ist das Universum zeitlos, so wie es ohne die Raumbegriffe des Menschen, seine Entdeckung von Formen, Strukturen und Rhythmen ein gefühlloses, formloses, zeitloses und bedeutungsloses Nichts ist.« Mit dem Blick in den Himmel entsteht erst die Poesie der menschlichen Deutung. Seine Faszination entwickelt sich nicht aufgrund der objektiven Größenordnungen. Letztere sind schon Bedeutungszuschreibungen, die im Radius der menschlichen Situation bleiben, der wir nicht entkommen können. Gerade bei wissenschaftlichen Erkenntnissen, die ja oft als Wahrheiten missverstanden würden, sei das so. Mumford verdeutlicht das am Beispiel der Zeitrechnung in Jahren. »Nicht die Sterne oder die Planeten erfahren die Jahre, noch weniger messen sie sie, sondern der Mensch tut es. Diese Beobachtung selbst ist ein Ergebnis der Aufmerksamkeit des Menschen für sich wiederholende Bewegungen, jahreszeitliche Vorgänge, biologische Rhythmen und messbare Perioden. Wird die Idee des Jahres auf das physikalische Universum zurückprojiziert, so zeigt sie etwas Weiteres, das für den Menschen wichtig ist; davon abgesehen, ist sie eine poetische Fiktion.«[7]

SPRACHE DER GÖTTER

Die Sterne galten in der Tat lange Zeit als die Sprache der Götter. »Die Masse der am Himmel mitgezogenen Sterne erscheint [...] als Träger der Zeichen des Zeus: Als Teil der Mechanik sind sie ›in großer Zahl hierhin und dorthin‹ verstreut«. Sie erscheinen zunächst so, »wie sie sich einem Beobachter auf den ersten Blick zeigen: Als eine Vielzahl unorganisierter Punkte, die über den Himmel verstreut sind. Ihre Bewegung ist nicht ihre eigene, sondern die des Himmels, daher verändern sie ihre relative Position zueinander auch nicht, sondern ihre Verteilung bleibt gleich. Diese ›Festigkeit‹ der Fixsterne ist jedoch lediglich mechanisch und trägt noch keine Bedeutung. Erst das ›Befestigen‹ des Zeus gibt ihrer Position und Bewegung auch eine Funktion und Bedeutung: Die Zeichen sind handwerklich fest gemachte Bedeutungen in Form der Sterne«. Und weiter heißt es: »Zeus ordnet die Sterne so, dass sie« bestimmte Bedeutungen »zuverlässig anzeigen.«[8]

Die Passage aus Clausing-Lages Schrift über die Anfänge der Meteorologie deutet eine oft vernachlässigte und doch höchst eigenartige Qualität des Nachthimmels an: Er ist nicht nur beeindruckend und unerreichbar – er befindet sich in einer immerwährend feststehenden Ordnung. Die gleichbleibende Verteilung und gerade nicht die unorganisierte »Ausgegossenheit« (wie Nietzsche es formulierte) verleiht dem Sternenhimmel bei aller physikalischen Undurchdringlichkeit doch auch etwas Vertrautes. Die Festigkeit der Fixsterne – nach heutigem Wissensstand Galaxien und Galaxienhaufen mit völlig unnachvollziehbaren Ausmaßen, in völlig unnachvollziehbaren Entfernungen – erscheinen jede Nacht an gleicher Stelle. Was hat dieser Umstand für einen Einfluss auf uns Menschen gehabt? Welchen anthropologischen Rückschluss lässt die konsistente Exposition des Einzelnen unter der zuverlässig jede Nacht auf ihn wartenden unabänderlichen Sternenformation zu?

In rein technischem Sinne war die mathematische Orientierung an den Sternen sicherlich der fortschrittlichste Aspekt. Es kann aber nicht der einzige gewesen sein. Die Technifizierung des Sternenhimmels ist eines der deutlichsten Zeichen des instrumentellen Denkens, das nur auf technischen und wirtschaftlichen Erfolg aus ist. Der Sternenhimmel degeneriert hier zur Orientierungshilfe. Die in Poesie sich auflösende Unbegreiflichkeit des Nachthimmels bleibt jedoch auch mit den sich immer weiter ausdifferenzierenden Möglichkeiten der Technik bestehen. Der Himmel ist auch mit Expeditionen zum Mars und Sonden, die in die Tiefen des Weltalls geschickt werden, eine absolute Grenze, über die wir nie endgültig hinauskommen werden.

DER ATMENDE KOSMOS

Gleichzeitig gehört das bewegte und doch stete Firmament zu uns. Es ist mit der Seele des Menschen auf eigenartige Weise verbandelt. Die milesischen Naturphilosophen – auf der Suche nach einem letzten Grund und dem ersten Anfang aller Dinge – sahen in den kosmischen Gewalten nicht nur Parallelen zu unserem Innenleben, sondern konkrete menschliche Eigenschaften. »Der Kosmos atmet ein und aus wie der Mensch und lebt ebenso wie der Mensch genau so lange, als ihm die Fähigkeit zu atmen bleibt. Die menschliche Seele wiederum führt regelmäßige Bewegungen aus so wie die Gestirne«. Der Mensch funktioniert im Grunde seines Wesens so wie der Sternenhimmel, und sein Denken und mit ihm »die Philosophie will die Wahrheit über das All sagen«. Bei den Vorsokratikern richtet sich mit dem Blick in die Sterne der Blick nach innen. Hier wird von der im Menschen angelegten »Affinität zu dem, was der Kosmos eigentlich sei«, gesprochen. Wer die äußeren Dinge verstehen will, muss nach innen sehen. »Die Möglichkeit, den Kosmos zu durchschauen, muss im Menschen selbst liegen.«[9]

Bei Platon ist der Kosmos selbst ein vernunftbegabtes und beseeltes Wesen. Es besteht aus den vier Urelementen Feuer, Erde, Wasser und Luft. Und das harmonische Verhältnis der Elemente geht zurück auf die ordnende Hand des Demiurgen. Die aus dem Chaos entstandene Ordnung des Kosmos entspricht der Seele des Menschen. Und Letztere wiederum umgibt und durchdringt den gesamten Kosmos. »Als die Seele von der Mitte bis zum äußersten Rand des Himmels alles vollständig durchdrungen und ihn von außen ringsherum umhüllt hatte, begann sie, sich selbst in sich selbst drehend, mit dem göttlichen Anfang eines unaufhörlichen vernunftbegabten Lebens für alle Zeit.«[10] Die Vernunft der Schöpfung spiegelt sich in den berechenbaren, regelmäßigen Bewegungen der Himmelskörper. Sie sind die beobachtbaren Äußerungen der kosmischen Seele, die durch uns hindurch strahlt.

Der Logos der Sterne bleibt mehr als der Hälfte aller Menschen auch in sternenklaren Nächten verborgen. Die Bewohner von Großstädten haben aufgrund des konstanten Lichts um sie herum keinen wirklichen Bezug zum Nachthimmel mehr. Was, wenn Kant damals den bestirnten Himmel über Königsberg nicht hätte sehen können? Hätte er ein Interesse an der Teleskopie entwickelt? Seine *Allgemeine Naturgeschichte und Theorie des Himmels* hätte er wohl nie geschrieben. Unsicher auch, ob ohne seine frühen astronomischen Erkundungen seine *Kritik der reinen Vernunft* je entstanden wäre. Dort spricht er von der Sinnlichkeit und dem Verstand als den »zwei Stämme(n) der menschlichen Erkenntnis«, die »vielleicht aus einer gemeinschaftlichen, aber uns unbekannten Wurzel entspringen«.[11] Wahrnehmung und das primäre Medium des Verstandes – die Sprache – stehen bei ihm also in einem konvergenten Verhältnis und haben vermutlich denselben Ursprung. Seine Faszination für den Nachthimmel lässt vermuten, wo dieser Ursprung liegen könnte. Für ihn führt »der Anblick eines bestirnten

Himmels, bey einer heitern Nacht« nicht nur zu einer besonderen »Art des Vergnügens, welches nur edle Seelen empfinden. Bey der allgemeinen Stille der Natur und der Ruhe der Sinne, redet das verborgene Erkenntnißvermögen des unsterblichen Geistes eine unnennbare Sprache, und giebt unausgewickelte Begriffe, die sich wohl empfinden, aber nicht beschreiben lassen.«[12] Die unausgewickelten Begriffe, die sich empfinden, aber nicht beschreiben lassen – ist das nicht eine treffende Beschreibung des Ursprungs von Philosophie selbst?

DAS ERHABENE

Der Versuch, beim Anblick des Himmels etwas Unaussprechliches zu artikulieren, findet sich in einigen prägnanten Theorien zur Erhabenheit. Friedrich Schiller spricht in seiner Theorie des Erhabenen zunächst vom »peinliche(n) Gefühl«, das uns befällt, da wir unsere Grenzen aufgezeigt bekommen, das sich dann aber wandelt und ins krasse Gegenteil umschlägt. Das Erhabene entsteht »einerseits aus dem Gefühl unserer Ohnmacht und Begrenzung, einen Gegenstand zu umfassen, anderseits aus dem Gefühl unserer Übermacht, welche vor keinen Grenzen erschrickt und dasjenige sich geistig unterwirft, dem unsere sinnlichen Kräfte unterliegen«. Bei ihm ist zunächst die Furcht vor der unbeeinflussbaren Macht, dem Gewaltigen, im Spiel, die aber nicht zur Abkehr animiert, sondern vielmehr einen kühnen Affekt initiiert. Dem Gefühl der Unterlegenheit (vor der Naturgewalt beispielsweise) entfliehen wir nicht, »sondern werden vielmehr mit unwiderstehlicher Gewalt von ihm angezogen.«[13] Auf diese Ohnmacht vor dem ästhetischen Eindruck folgt die renitente Gegenbewegung, aus der sich letztlich das Gefühl der Erhabenheit entwickelt. Nicht »der pathetischen Wirkungsmacht des erhabenen Objekts, die wir passiv erleiden« entspringt also das Erhabene, »sondern der Selbsttätigkeit, durch die sich das Subjekt aktiv gegen die Macht des Affekts behauptet und ihm spontan Widerstand leistet, um nicht durch ihn überwältigt zu werden«[14].

Auch Kant spricht in seiner Theorie des Erhabenen von einer überwundenen Furcht im ästhetischen Moment des Dynamisch-Erhabenen in der Natur. Dort sind es »kühne überhängende gleichsam drohende Felsen, am Himmel sich auftürmende Donnerwolken, mit Blitzen und Krachen einherziehend, Vulkane in ihrer ganzen zerstörenden Gewalt, Orkane mit ihrer zurückgelassenen Verwüstung, der grenzenlose Ozean, in Empörung gesetzt, ein hoher Wasserfall eines mächtigen Flusses«, die uns überwältigen und uns und »unser Vermögen zu widerstehen, in Vergleichung mit ihrer Macht, zur unbedeutenden Kleinigkeit« degradieren. »Aber ihr Anblick wird nur um desto anziehender, je furchtbarer er ist, wenn wir uns nur in Sicherheit befinden; und wir nennen diese Gegenstände gern erhaben, weil sie die Seelenstärke über ihr gewöhnliches Mittelmaß erhöhen, und ein Vermögen zu widerstehen von ganz anderer Art in uns entdecken lassen, welches uns Mut macht, uns mit der scheinbaren Allgewalt der Natur messen zu können.«

Erhabenheit entwickelt sich durch die unbegreiflichen und gewaltigen Naturphänomene, denen der Mensch auf eine ihm höchst eigene Art trotzt. Er steigert sich dann – fast wie ein Größenwahnsinniger – in das Gefühl der Erhabenheit hinein. Letzteres geht einher mit einer diffusen Ahnung von der problematischen Stellung, die er zwischen der Welt und sich selbst innehat. Erhabenheit gibt es nicht einfach in der Natur. Der Sternenhimmel selbst ist nicht erhaben. Oder wie Kant es formuliert: »Erhabenheit« ist »in keinem Dinge der Natur, sondern nur in unserm Gemüte enthalten, sofern wir der Natur in uns, und dadurch auch der Natur (sofern sie auf uns einfließt) außer uns, überlegen zu sein uns bewußt werden können. Alles, was dieses Gefühl in uns erregt, wozu die *Macht* der Natur gehört, welche unsere Kräfte auffordert, heißt alsdenn (obzwar uneigentlich) erhaben; und nur unter der Voraussetzung dieser Idee in uns, und in Beziehung auf sie, sind wir fähig, zur Idee der Erhabenheit desjenigen Wesens zu gelangen, welches nicht bloß durch seine Macht, die es in der Natur beweiset, innige Achtung in uns wirkt, sondern noch mehr durch das

Vermögen, welches in uns gelegt ist, jene ohne Furcht zu beurteilen, und unsere Bestimmung als über dieselbe erhaben zu denken.«[15] Das Erhabene verweist somit auf eine dem Menschen idiosynkratische ästhetische Furchtlosigkeit, die ihn befähigt, in einen Gefühlszustand zu gelangen, der ihn größer macht, als er ist.

Was, wenn Philosophie aus einem solchen Trotz gegen die Unterlegenheit vor den unbegreiflichen Ausmaßen der Natur entstanden wäre? Philosophie selbst als renitenter intellektueller Größenwahn vor der Gewalt der äußeren Erscheinungen, als rationalisierende Trotzreaktion auf das passive Ausgeliefertsein unseres Wesens. Auch Schopenhauer räumt dem Erhabenen eine ästhetische Sonderstellung ein. Er vergleicht es mit dem Schönen. Während bei Letzterem »das reine Erkennen ohne Kampf die Oberhand gewonnen« hat, ist beim Erhabenen »jener Zustand des reinen Erkennens gewonnen durch ein bewusstes und gewaltsames Losreißen von den als ungünstig erkannten Beziehungen desselben Objektes zum Willen, durch ein freies von Bewusstsein begleitetes Erheben über den Willen«[16]. Einmalig bei ihm diese Erhebung über den Willen. Der Wille wird hier nicht negiert. Seine allumfassende Potenz gilt weiterhin, doch im Moment der Erhabenheit bewegt sich der Einzelne – selbst Produkt des Willens – für den Moment über ihn hinaus. Auch bei Schopenhauer geht es nur durch eine innere Überwindung einer Bedrohung. Eine Bedrohung, die aber doch zu weit weg ist, als dass sie als lebensbedrohlich empfunden werden könnte. Dieser aktive Schritt aus der Bedrohung in die bewusste Wahrnehmung des Drohenden als Erhabenes verweist auf eine zutiefst menschliche Kapazität. Das Erhabene beschreibt die ultimative ästhetische Überwältigung, die Möglichkeit des Menschen, sich in einen Zustand hineinzusteigern, der ihn an einer Wahrheit teilhaben lässt, die ihn weit übersteigt.

Wurden wir zu den ästhetisch fühlenden Wesen, die wir sind, aufgrund der erhabenen Eindrücke der Natur? Sind wir innerlich – wie die Vorsokratiker und Platon es noch postulierten – verbunden mit den mannigfaltigen Veränderungen am

Himmel? Letzterer als beständig sich verändernde Leinwand, als immerwährendes Schauspiel der Formen und Farben, das über die Jahrmillionen in uns übergegangen ist? Könnte das so etwas wie eine Wahrheit über unser ästhetisches Empfinden sein?

Tatsächlich setzt mit dem Blick in den Himmel ein höchst eigenartiges emotionales Programm ein: Schwerelose Form und Licht, leuchtendes Orange, tiefes Rot, pastellnes Türkis durchbrechen aufgebauschte Wolkenwände und hinter ihnen verteilt sich schleierhaftes sanftes Rosa bis tief in den Horizont, wo ganz am Ende leuchtend golden, eingebettet in tiefstes Rot, sich etwas Großes ankündigt. Es verhält sich ganz ähnlich wie mit dem Sternenhimmel – auch mit dem Blick in den Tageshimmel manifestiert sich eine bestimmte anthropologische Dimension, die man kaum erklären kann. Unsere Gefühlswelt scheint rätselhaft verquickt mit den Himmelsphänomenen: bedeckt und eintönig, sich auflösend zart verästelt, dramatisch und facettenreich, klar und schier unendlich in die Weiten des Horizonts eingebettet. Die Wärme einer bestimmten Farbschattierung der Abendsonne im September, die Kraft des intensiven Morgenrots über dem Meer, nachdem der Horizont alle erdenklichen Farben angenommen hat.

1

DIE GANZE WELT IN MIR

Morgendämmerung. Viele Wahrheiten bleiben tatsächlich unausgewickelt, im Dunkeln, tief vergraben in uns. Wir haben sie verdrängt. Mit manchen gehen wir ein Leben lang um, in stiller Zurückgezogenheit. Sie sorgen für schlaflose Nächte, drängen auf lange Spaziergänge, alleine. Sie brauchen scheinbar Ruhe und frische Luft. »In der Natur mit klaren Gedanken bei sich sein« – so könnte eine zeitgemäße Definition von individueller Wahrheit lauten. Dabei zeichnet sich die Wahrheit eigentlich durch ihre überindividuelle Gültigkeit aus. Sie ist beides: universell und gleichzeitig unwahrscheinlich intim. Und was könnte je universeller und intimer sein als unser Verhältnis zu uns selbst, zu unserem »Ich«?

Das »Ich« ist eigentlich alles, was wir haben. Und das ist ziemlich viel. Denn »mit dem freien, selbstbewussten Wesen tritt zugleich eine ganze Welt – aus dem Nichts hervor – die einzig wahre und gedenkbare Schöpfung aus dem Nichts«.[17] Die ganze Welt in uns, aus dem Nichts entstanden, und nichts führt über sie hinaus. Alles führt in sie hinein. Jeder (selbstbewusste) Mensch – als »einzig wahre und gedenkbare Schöpfung« – für sich eine eigene Welt, ein eigenes Universum. Gleichzeitig können wir immer nur von uns selbst sprechen. Wir erkennen als vereinzelte Individuen »nur« das, was uns widerfährt. Sicherlich interagieren wir auf vielfältige und komplexe Weise mit unserer Außenwelt und den Mitmenschen. Wir können teilhaben am anderen, kommunizieren, uns in andere hineinversetzen. Und doch bleibt am Ende des Tages immer »nur« ein subjektiver Eindruck zurück. Wir können uns eigentlich ausschließlich auf die subjektiven Eindrücke beziehen. Etwas anderes steht uns schlichtweg nicht zur Verfügung. Wir sind streng genommen höchst isolierte Wesen.

DIE ICH-ZENTRIFUGE

Aldous Huxley formulierte hierzu einmal folgenden Gedanken: »Die Natur verurteilt jeden Geist, der in seinem Körper lebt, dazu, Leid und Freud in Einsamkeit zu erdulden und zu genießen. Empfindungen, Gefühle, Einsichten, Einbildungen – sie alle sind etwas Privates und nur durch Symbole und aus zweiter Hand mitteilbar. Wir können Berichte über Erfahrungen austauschen und sammeln, niemals aber die Erfahrungen selbst. Von der Familie bis zur Nation – jede Gruppe von Menschen stellt eine Inselwelt dar, wobei jede Insel ein Weltall für sich bildet.«[18] Jeder Mensch (als Insel) kann sich im Geiste in den vertikalen Weiten des imaginierten Weltalls verlieren. Horizontal wird er jedoch immer von einem unüberbrückbaren Ozean begrenzt. Unser Bewusstsein ist wie ein archimedischer Punkt, der im Hintergrund diese Grenzen abzirkelt. Wir beherbergen als Individuen – als unteilbare vereinzelte Lebewesen – dieses unsere Bewusstsein, mit dem wir (auf unserer Insel) ganz auf uns selbst gestellt sind.

Wir können unser subjektives Bewusstsein niemandem zeigen, weil wir zu nah an ihm dran sind, weil wir es zu sehr sind. Es nimmt die Außenwelt wahr und erzeugt jene gleichermaßen. Es ist der Aussichtspunkt, an dem alle Fäden zusammenlaufen, und ist gleichzeitig uneinsehbar, wie in Spiegelglas gekleidet. Es ist »dasjenige, was Alles erkennt und von Keinem erkannt wird [...]. Es ist sonach der Träger der Welt, die durchgängige, stets vorausgesetzte Bedingung alles Erscheinenden, alles Objekts: denn nur für das Subjekt ist, was nur immer da ist.«[19] Wie könnte man Arthur Schopenhauer hier je widersprechen? Das Subjekt ist so etwas wie ein blinder Fleck der Erkenntnis selbst – absolute Subjektivität. Man kann nicht den Finger darauf halten, wie auf ein Körperteil. Man kann es nicht mal geistig fassen, sondern es ist da und bedingt uns als erkennende

Wesen in der Welt. Letztere zerfällt vor diesem Hintergrund in »zwei wesentliche, nothwendige und untrennbare Hälften. Die eine ist das Objekt: dessen Form ist Raum und Zeit, durch diese die Vielheit. Die andere Hälfte aber, das Subjekt, liegt nicht in Raum und Zeit: denn sie ist ganz und ungetheilt in jedem vorstellenden Wesen; daher ein einziges von diesen, eben so vollständig, als die vorhandenen Millionen, mit dem Objekt die Welt als Vorstellung ergänzt: verschwände aber auch jenes einzige; so wäre die Welt als Vorstellung nicht mehr.«[20] Das einzelne Subjekt erkennt und kann nicht erkannt werden, da es alles ist, was wir sind. Die objektive Welt ist da, weil ich da bin. Ohne mich gäbe es sie zwar höchstwahrscheinlich, ich könnte es aber nie bezeugen. Unsere Existenz bedingt die Welt. Sie ist insofern unsere Vorstellung. Die Welt, die uns erscheint, ist immer nur unser Eindruck, nie an sich. Das Erkennende, nie Erkannte, ist wie der Mittelpunkt der Ich-Zentrifuge. Alle Zentrifugalkraft strömt in ihn hinein. Wir bleiben mit uns unentwegt im atemlosen Taumel des Ichs. Das Unvermögen, nie aus unserem Ich herauskommen zu können, macht jeden Versuch der Objektivität im Grunde unmöglich. »Das Ich ist einem Kreis vergleichbar, der keinen Umfang hat.«[21]

Denkt man den Gedanken zu Ende, müsste prinzipiell die Existenz einer allgemeinen Realität bezweifelt werden. Denn wir sind ja ohne Unterbrechung, ohne Möglichkeit eines tatsächlichen Aus-unserer-Haut-heraus-Kommens, in uns selbst gefangen. Schopenhauer veranschaulicht das daraus entstehende und sich nie auflösende Perspektivproblem anhand eines eindringlichen Bildes: »Daß der Kopf im Raume sei hält ihn nicht ab, einzusehen, daß der Raum im Kopfe ist«[22]. Bis heute hat sich das unlösbare Problem als Gehirnparadox tradiert. Der Kopf (als Sitz des Ichs) ist im Raum, wie auch der Raum im Kopf, in unserem Ich als Vorstellung, ist. Zurück bleibt ein nie endendes Vexierspiel. Zurück bleibt auch ein Gefühl für die ominöse und unlogische Grundkonstitution unseres Daseins. Die Grenzen des Ichs sind wie die Grenzen unseres Kosmos. Dahinter wabert dunkle undurchdringliche Materie – etwas, das alles zusammenhält und doch nicht zu erklären ist.

»Aber weil Hiersein viel ist, und weil uns scheinbar alles das Hiesige braucht, dieses Schwindende, das seltsam uns angeht. Uns, die Schwindendsten. Ein Mal jedes, nur ein Mal. Ein Mal und nichtmehr. Und wir auch ein Mal. Nie wieder. Aber dieses ein Mal gewesen zu sein, wenn auch nur ein Mal: irdisch gewesen zu sein, scheint nicht widerrufbar.«[23] Je länger wir über dieses »ein Mal« und mit ihm über den Tod nachdenken, desto näher kommen wir der Unwahrscheinlichkeit alles Hiesigen, das schwindet und doch »seltsam uns angeht«, uns »Schwindendste«. Ein einziges Mal dürfen wir hier sein. Ein einziges Mal auf diesem wundersamen Planeten, der uns vermittelt, wesentlich zu sein, uns jedoch gleichzeitig über all die wesentlichen Aspekte des Daseins im Unklaren lässt. Unser »Ich« bleibt uns auch in der Hinsicht unzugänglich: Warum bin ich »Ich«? Warum hier? Warum jetzt? Warum diese Hände?

Bleiben wir für einen Moment mit unserem Blick bei unseren Händen stehen. Nehmen wir uns die Zeit und schauen wir uns unsere Hände genauer an. Warum diese Hände? Und stellvertretend für die Hände – warum dieser Körper, warum Ich in diesem organischen Behältnis, das Platon einst »sema – Kerker« nannte. Der Geist des Menschen ist in seinem Körper gefangen, dem er nicht entkommen kann. Und dieser Leib ist des Menschen einziger Weg zur Erkenntnis der Welt. Nur über unsere Leiblichkeit sind wir gleichzeitig innen und außen. Wir sind, wenn wir unsere Hand anschauen, gleichzeitig innen und außen. Da haben wir die Einheit von Subjekt und Objekt. Nur da, bei der Betrachtung unseres Körpers. Die Hand sind wir nach außen und nach innen. Wir sind die Hand und irgendwie auch nicht. Sie ist objektiv eine physische Erscheinung unter anderen. Gleichzeitig höchst subjektiv, weil die Hand zu mir gehört. Ich bin diese Hand und nehme mit ihr körperlich teil am Geschehen der Welt. Der Körper als Medium zwischen Geist und Materie. Ein Gegenstand, der für andere einer unter vielen ist. Für mich ist er mein geistiges Zuhause, aber eines, das ich nicht gewählt habe. Der Körper des Einzelnen ist hochgradig kontingent. Man gerät mit der Geburt völlig zufällig in einen bestimmten Körper. Der wird aber über die gesamte Lebensspanne des Individuums nicht nur einfach da sein, sondern in vielschichtiger Weise auf mich als Einzelnen wirken. Unsere Hände und unsere Körper sind die erste und irreversible Begrenzung unseres Lebens. Die Fragen gehen weiter: Warum meine Eltern? Warum genau diese beiden Individuen? Wie kann es auch hier sein, dass »Ich« einem völlig zufälligen Ursprung entstamme, dem ich aber unausweichlich angehöre? Und das geht jedem so: Warum also diese Milliarden von zufälligen schwindenden »Ichs«?

Was ist »Ich«, was bin »Ich« überhaupt? Ich bin ein Wesen, das denkt, fühlt, wahrnimmt – meistens in zeitlich umgekehrter Folge: Erst nehme ich wahr, dann empfinde ich etwas dabei und denke im Anschluss darüber nach. Es geht aber auch anders herum: Ich denke an etwas und daraus entwickelt sich ein bestimmtes Gefühl. Mit dieser Empfindung im Bauch nehme ich schließlich die Umwelt auf eine bestimmte Weise wahr. Manchmal taucht ein Gefühl einfach auf, wie eine Farbe, aus dem Nichts. Es erzeugt Gedankengänge, verändert die Perspektive. Besonders interessant ist auch hier die Umkehrung: die veränderte Perspektive, die ich aus einem Buch gewinne oder aus einem Bild oder einem Lied. Sie kann mein Denken und Fühlen ändern. Gerade aufgrund dieser unsteten inneren Kondition lässt sich das Ich, also die Identität eines einzelnen Menschen, so schwer festmachen. Wir nehmen zu verschiedenen Zeiten verschieden wahr, fühlen im einen Moment etwas, das wir im nächsten schon nicht mehr fühlen, denken morgens anders als am Abend. Wir sind so gesehen für den Moment immer höchst vereinzelt wahrnehmende, fühlende und denkende Wesen. »Unsere Eindrücke lassen die ihnen entsprechenden Vorstellungen entstehen und diese Vorstellungen rufen ihrerseits andere Eindrücke hervor. Ein Gedanke verdrängt den anderen und ruft einen dritten herbei, durch den er dann seinerseits verdrängt wird.«[24] Dieses Rad der Eindrücke und Gedanken dreht sich bei uns allen ganz ähnlich. Doch was macht uns zu dem Besonderen, das wir sind?

David Hume zerbrach sich über das Problem der menschlichen Identität bereits vor knapp dreihundert Jahren den Kopf. Zentral ist bei ihm zweierlei: 1. die Wahrnehmung oder genauer: die Perzeptionen[25] und 2. die Erinnerung. »Nehmen wir einmal an, wir könnten in das Innere eines anderen klar hineinsehen und die Aufeinanderfolge von Perzeptionen beobachten, welche seinen Geist oder sein denkendes Wesen ausmacht. Nehmen wir zugleich an, die betreffende Persönlichkeit bewahrt einen großen Teil ihrer früheren Perzeptionen in der Erinnerung auf. [...] Denn was ist die Erinnerung anders als das Vermögen, durch das wir Bilder von früheren Perzeptionen gewinnen?«[26] Das wechselhafte Innenleben mit den vielen Eindrücken, Gedanken und Emotionen verleiht dem »Ich« noch keine wirkliche Substanz. Das »Zustandekommen« einer »Identität« gelingt erst mit den Erinnerungen. Und dabei meint Hume nicht etwa einzelne Erinnerungen von einem bestimmten Erlebnis. Sondern vielmehr die menschliche conditio des Erinnerungsvermögens in der Zeit. »Daß uns die Erinnerung allein Kunde gibt von der Ununterbrochenheit und (zeitlichen) Ausdehnung oder Aufeinanderfolge der Perzeptionen in uns, dies ist es hauptsächlich, was sie für uns zur Quelle der persönlichen Identität macht.« Die Identität des Einzelnen geht eng zusammen mit dem Prinzip der Kausalität bzw. Ursächlichkeit. »Hätten wir kein Erinnerungsvermögen, so wüßten wir nichts von Ursächlichkeit, folglich auch nicht von jener Kette von Ursachen und Wirkungen, die unser Ich oder unsere Person ausmachen. Haben wir aber einmal vermöge der Erinnerung dieses Bewußtsein der Ursächlichkeit gewonnen, so können wir jene Kette von Ursachen, folglich auch die Identität unserer Persönlichkeit über die Grenzen unserer Erinnerung hinaus ausdehnen und sie Zeiten, Umstände und Handlungen in sich begreifen lassen, die wir vollständig vergessen haben, von denen wir nun in ganz allgemeiner und unbestimmter Weise annehmen, daß sie existiert haben.« Weil wir uns erinnern können, gehen wir von dem Prinzip der Ursächlichkeit resp. Kausalität aus. Die Erinnerung ist die identitätsprägende Kraft. Ohne sie – und das sehen wir bei Menschen, die an einer Amnesie leiden oder dement werden – verlieren wir uns selbst. Aber auch ohne pathogenen Gedächtnisverlust verlieren wir mit jedem Vergessen ein kleines Stück von uns selbst. Und diese kleinen Stücke wachsen im Lauf eines Lebens auf eine ziemliche Menge an. Hume macht dies mit der folgenden Frage deutlich: »Von wie wenigen unserer früheren Handlungen haben wir ja eine wirkliche Erinnerung? Wer kann mir beispielsweise sagen, welches seine Gedanken und Handlungen am 1. Januar 1715, am 11. März 1719 und am 3. August 1733 waren? Wird aber jemand darum, weil er die Ereignisse dieser Tage vollständig vergessen hat, behaupten, sein gegenwärtiges Ich sei nicht dieselbe Persönlichkeit wie das Ich jener Tage?« Auch mit unserem eingeschränkten Erinnerungsvermögen schafft die Erinnerung »das Material für das Bewusstsein der Identität (oder der Einheit des individuellen Bewusstseins in den verschiedenen Zeiten seines Daseins), lässt also die Identität für uns entstehen, sofern sie vergangene Perzeptionen reproduziert.«[27] Für den Moment, also ohne Vergangenheit und Zukunft, fehle uns – so Hume – »ein gültiger Maßstab, nach dem wir den Streit über den Augenblick, in dem sie den Anspruch auf den Namen ›Identität‹ gewinnen oder verlieren, entscheiden könnten.«[28] Verliert aber ohne einen solchen Maßstab, den wir an uns anlegen könnten, das Konzept der Identität nicht selbst an Gewicht?

Ist nicht auch mein »Ich« mit all seinen Erinnerungen einfach Produkt einer fiktiven Geschichte – schopenhauerisch gesprochen: der Vorstellung – des Einzelnen? Zumal die Erinnerungen selbst einem steten Wandel unterliegen. Was ist mit dem, was man vergisst? Was passiert, wenn man die Vorstellung verneint, aus den Erinnerungen aussteigt? Was geschieht, wenn man der Fiktion des Selbst einfach nicht mehr folgt? Höre »ich« dann schlicht auf zu sein? Wenn wir die Einzigen sind – und jeder ist in seinem »Ich« ja de facto der Einzige –, da wir also die Einzigen im von Spiegelglas ummantelten Aussichtsturm sind, die die Fiktion der Selbst- und Weltkonstruktion mitverfolgen können, sind wir auch die Einzigen, die sie ablehnen können. Was, wenn wir die Aussicht einfach ablehnen? Was, wenn wir das ganze unbeständige Treiben der Außenwelt samt unseren innerweltlichen Reaktionen, sprich: unsere Ängste, Enttäuschungen, Freuden, Vorlieben etc. ignorierten und uns einfach auf das konzentrierten, was sich nicht aus uns heraus kürzen lässt? Wir atmen ein und aus und stellen fest, dass wir, auf den Atem konzentriert, vielmehr vegetatives Dasein sind, als wir uns vielleicht eingestehen wollen. Ein und aus. Wenn die Frage danach, warum ich »ich« bin, nicht beantwortet werden kann, der »Ich«-Fokus uns nie wirklich etwas Wesentliches begreifen lässt, das »Ich«-Konzept schlichtweg keinen Sinn macht, geht es womöglich vielmehr darum, uns eben diesen »Ich«-Ansatz und mit ihm das »Ich«-bezogene Denken abzutrainieren.

Das bewusste Lenken der Aufmerksamkeit ist zentrales Element verschiedener meditativer Techniken. Und insbesondere gemäß der ältesten buddhistischen Schule – dem Theravada – ist das kontinuierliche neutrale Beobachten der inneren und äußeren Phänomene des Selbst die Kerntechnik schlechthin. Mit ihr wird das Ziel verfolgt, die größtmögliche Distanz zu den eigenen wechselhaften Gedanken, Gefühlen und Eindrücken der Sinne zu gewinnen. Und dieses Training, die eigene Aufmerksamkeit richten zu lernen, besteht paradoxerweise darin, sie bewusst auf die wechselhaften Gedanken, Gefühle und Eindrücke der Sinne zu lenken. Alles wird bewusst registriert. Jede noch so beiläufige Gefühlsnuance, jedes Rascheln auf dem Balkon, jeder plötzlich aufkommende Gedanke wird als das erkannt, was er ist: als flüchtiger persönlicher Moment, der im Grunde keine größere Bedeutung hat. Diese Technik führt zu einer allmählichen Loslösung vom Radius des »Ichs« und kulminiert letztlich in einem fundamentalen Bruch mit sich und der Welt. Buddhistische Mönche, die vom Nirwana berichten, reden von der völligen Klarheit über die eigentlichen Grundprinzipien des Daseins. Diese Klarheit über sich gewinnt man – der Widersprüche nicht genug –, indem man sich verliert. Dieser Zustand, über den man aus der Ferne nur spekulieren kann, sei wie ein vorgezogener Tod, eine vorgezogene Erlösung; aber nicht etwa misszuverstehen als tatsächlicher

Tod eines Menschen, sondern vielmehr der Tod des verlorenen, irrlichternden Individuums, das sich und die Welt nicht versteht, eine vorgezogene Erlösung des in der Wirklichkeit gefangenen »Ichs«.

ANGST

Ein Individuum, das – in den Grenzen seiner zufälligen Festgestelltheit – aber doch frei sein kann. Also trotz dem nicht von ihm gewählten Hier, dem Jetzt, trotz der kontingenten Herkunft, den Erinnerungen, den Händen, den Eltern, dem Aussehen, diesem zufälligen und doch so umfassenden Verhältnis zu sich selbst, kann es Dinge nach seinen Möglichkeiten frei wählen, frei initiieren. Seine anthropologische conditio bleibt die »Geworfenheit des Daseins« in die Welt. Und da ist es eben genau das Gegenteil von »festgestellt« – es ist, mit den Worten Nietzsches gesprochen, »das nicht festgestellte Thier«. Der Mensch ist auf keine bestimmte Welt und auf keinen bestimmten Modus des In-der-Welt-Seins programmiert. Er ist im Vergleich zum Tier in der Lage, sich zu den verschiedensten Mitmenschen, Umwelten und Lebensstilen zu entscheiden. Sein spezifisches Merkmal ist diese »Unfestgelegtheit« – also Freiheit. Wir werden nicht wie die Tiere in eine Welt geworfen, in der wir heimisch, an die wir von vornherein angepasst wären. Wir stehen ihr auf sonderbare Weise fremd gegenüber.

Und diese »Weltfremdheit«[29], dieser Bruch mit der Welt, ist – ganz ähnlich wie im Therevada – unsere Grundkonstitution, unser Schicksal, das auch hier eine höchst unangenehme Grundemotion erzeugt: Angst. Sie ist – wie Sören Kierkegaard es in seiner Analyse des Zusammenhangs von Angst und Freiheit einmal formulierte – »der Schwindel der Freiheit«[30]. Wobei die Angst selbst im Zuge ihres Erscheinens jenen Moment markiert, an dem Freiheit sich noch nicht als freies Handeln erkennen wird. Angst verweist auf eine Freiheit, die sich noch keine Bestimmung geben kann. Sie ist – versucht man den zeitlichen Ablauf einer freien Entscheidung einmal zu durchleuchten – der freien Handlung vorgelagert, wobei sie hier zunächst eine doppelte Funktion einnimmt: Sie ist zum einen Verhinderer, also Hemmnis einer beliebigen freiheitlichen Tat, und gleichzeitig ihre Bedingung. Die Angst muss überwunden werden. Paradigmatisch hier der Sprung ins kalte Wasser, das Augen-zu-und-durch. Die Angst vor dem Scheitern, vor dem Abgewiesenwerden, vor unangenehmen Konsequenzen, im schlimmsten Fall der Verwundung oder dem Tod ist so etwas wie eine notwendige Latenzphase vor der freiheitlichen Tat. Sie ist dann gewissermaßen »eine gefesselte Freiheit«[31]. Und nach der Tat – nach ihrer Entfesselung – der Indikator für Freiheit selbst. Wenn gehandelt worden ist, gibt sich Freiheit auf in der nun gesetzten Wirklichkeit, die vorher Möglichkeit gewesen war. Den Schritt zurück gibt es dann nicht mehr. Nach einer Handlung mit ihren verpflichtenden Folgen mag zwar die Angst vorüber sein, aber man weiß auch, dass man nur vorher frei gewesen war. Man könnte auch sagen, dass die Angst die einzige Form ist, in der Freiheit, als Freiheit, tatsächlich erfahren werden kann. Angst und Freiheit stehen sich gegenüber wie Auge und Abgrund. Der oben beschriebene Schwindel der Freiheit setzt ein, »wenn der Geist die Synthesis setzen will und die Freiheit nun niederschaut in ihre eigne Möglichkeit«[32].

SEILTÄNZE

Nietzsche setzt an dieser Idee an. Für ihn ist der Mensch »ein Seil geknüpft zwischen Thier und Übermensch, – ein Seil über einem Abgrunde«. Der Abgrund reicht tief in die Vergangenheit der Menschheit wie des einzelnen Menschen zurück. Er verdeutlicht mit diesem eindringlichen Bild, dass wir alle in unserer seiltänzerhaften Existenz nie gefeit sind vor dem »gefährlichen Schaudern und Stehenbleiben«[33] und somit vor dem Absturz. Wir alle – als gespanntes Seil über einem Abgrund – sind selbst ein Wagnis. Und unser Weg ist ein gefährliches Hinüber von der Wildnis zum Menschen. Jeder für sich muss diesen Seiltanz vollbringen und keiner soll am Felsvorsprung »Thier« stehen bleiben. Es sei denn, er will ein »thierhaft« Zurückgebliebener, ein »letzter Mensch« bleiben. Der Felsvorsprung Übermensch ist ein ideales Ziel, das nicht missverstanden werden darf als Ort göttlicher Potenz, den man tatsächlich erreichen könnte. Mit dem Übermenschen benennt Nietzsche zunächst einmal diejenigen Menschen, die mutig genug sind zu akzeptieren, dass der schopenhauerische Urwille das Prinzip des Lebens ist und nicht irgendeine erfundene religiöse Geschichte. Die religiösen Prediger bezeichnet er als »Giftmischer« und der Übermensch ist der, der den giftigen (aber verlockenden, weil tröstenden) Verabreichungen widerstehen kann. Der Mensch ist dann Übermensch, wenn er es wagt, ohne tröstende Verheißung der Religion (insofern also gottähnlich) sich selbst einen Sinn im Leben zu erschaffen und ihm zu folgen. Diese Angst und Verzweiflung erzeugende, weil freie und identitätsstiftende Aufgabe ist (wie oben gesehen auch ganz im Sinne Kierkegaards) ein Wagnis. Letzteres zu ertragen bedeutet auch, die schlimmsten Qualen und Demütigungen durchleben zu müssen. Das Risiko abzustürzen ist immer da. Die gesteigerte Daseinsform als autonom denkendes und handelndes Wesen fordert also ihren Tribut, der – und das verdeutlicht das Seil über dem Abgrund unverkennbar – zu hoch ist, aber doch riskiert werden muss. Das tollkühne Hinüber, das Wagnis der Selbstüberschreitung zeichnet den »freien« Menschen im besten Sinne aus. Im »letzten Menschen« hingegen erkennt Nietzsche denjenigen, der sich noch krampfhaft an seinem trostspendenden Glauben festhält und die Herausforderungen der »Übermenschwerdung« verneint. Den riskanten Tanz über das Seil über dem Abgrund scheut er. Er ist nicht bereit, das Projekt der schmerzvollen Selbstüberschreitung anzugehen. Keine tröstende Religion, kein Gott – Nietzsche sieht im wahren Prinzip des Lebens vor allen Dingen das Leben selbst. Die Leere und das Leid der Sinnlosigkeit in einer Welt ohne religiöse Sinngebung steht aber unweigerlich als Kernproblem im Leben des toll gewordenen Menschen.

Wie ein Wahnsinniger taumelt er umher und stellt irrwitzige Fragen, die verdeutlichen sollen, wie einschneidend die Wendung zur areligiösen Lebensform sich vollzieht: »Wohin ist Gott?« fragt er und antwortet: »ich will es euch sagen! *Wir haben ihn getötet* – ihr und ich! Wir alle sind seine Mörder!« Nietzsche beschreibt mit dem »tollen Menschen« jemanden, der ganz offensichtlich nicht mit dem traumatisierenden Umstand metaphysischer Haltlosigkeit zurechtkommt: »Aber wie haben wir dies gemacht? Wie vermochten wir das Meer auszutrinken? Wer gab uns den Schwamm, um den ganzen Horizont wegzuwischen? Was taten wir, als wir diese Erde von ihrer Sonne losketteten? Wohin bewegt sie sich nun? Wohin bewegen wir uns? Fort von allen Sonnen? Stürzen wir nicht fortwährend?« Der Sturz ins Bodenlose als die einprägsame Metapher für den freien Fall in die Sinnlosigkeit. Das Leben des modernen Menschen mündet in eine fundamentale Orientierungslosigkeit. Er fällt nicht nur von einem Glauben ab, sondern verliert sich selbst im Wirbel eines Schwarzen Lochs. Er stellt weiter Fragen, die unbeantwortet bleiben müssen: Stürzen wir nicht immer weiter – »rückwärts, seitwärts, vorwärts, nach allen Seiten? Gibt es noch ein Oben und ein Unten? Irren wir nicht wie durch ein unendliches Nichts? Haucht uns nicht der leere Raum an? Ist es nicht kälter geworden? Kommt nicht immerfort die Nacht und mehr Nacht?« Nietzsche ergänzt die poetisch-rhetorischen Fragen nach dem fortwährenden Taumel um weitere Fragen nach dem, was das nun für uns zu bedeuten vermag. Wir sind nun verantwortlich für den Lauf der Dinge. Und diese Verantwortung könnte zu viel für uns sein. »Müssen nicht Laternen am Vormittage angezündet werden? Hören wir noch nichts von dem Lärm der Totengräber, welche Gott begraben? Riechen wir noch nichts von der göttlichen Verwesung? – auch Götter verwesen! Gott ist tot! Gott bleibt tot! Und wir haben ihn getötet! Wie trösten wir uns, die Mörder aller Mörder? Das Heiligste und Mächtigste, was die Welt bisher besaß, es ist unter unsern Messern verblutet – wer wischt dies Blut von uns ab? Mit welchem Wasser könnten wir uns reinigen? Welche Sühnefeiern, welche heiligen Spiele werden wir erfinden müssen? Ist nicht die Größe dieser Tat zu groß für uns? Müssen wir nicht selber zu Göttern werden, um nur ihrer würdig zu erscheinen?« Die große Illusion zu verlieren, bedeutet erstmal für jeden, ins Bodenlose zu fallen. Und dieses Bodenlose ist die Chance, sich zu etwas kategorisch Höherem aufzuschwingen. Denn die Tötung Gottes ist die größte Tat, die die Menschheit je vollbrachte – »es gab nie eine größere Tat – und wer nur immer nach uns geboren wird, gehört um dieser Tat willen in eine höhere Geschichte, als alle Geschichte bisher war!«[34]

1010 1und0 1010

TÉCHNE

Die Sonne steht im Zenith.[35] Die »höhere« Geschichte, in der wir uns heute befinden, wird zunehmend von einem neuen Gott dominiert: dem Gott der Technik. Die technischen Dimensionen unseres Lebens sind gewaltig. So gewaltig, dass sie im Grunde gar nicht mehr wahrgenommen werden können. Wir fallen – ganz wie bei Nietzsche der tolle Mensch – rückwärts, seitwärts, vorwärts, nach allen Seiten. Wir können die rhetorischen Fragen des tollen Menschen dem digitalen Menschen direkt in den Mund legen: »Gibt es noch ein Oben und ein Unten? Irren wir nicht wie durch ein unendliches Nichts? Haucht uns nicht der leere Raum an?« Aus der totalen Computerisierung folgt die Auflösung von semantischem Gehalt. Begriffe gehen nicht mehr in einer bestimmten Bedeutung auf. Die digitale Verrechnung löst zum Beispiel »das Besondere« auf und streut es überall hin. Paradigmatisch hierfür sind – wie in jeder Phase der kulturellen Umbrüche – die Künste: Musik heute ist wie Gas, Wasser oder Strom. Wir drehen den Hahn auf und haben, was wir wollen. Der Gedanke, dass etwas interessant ist, weil es selten ist, verschwindet. Fast nichts ist besonders. Besonderheiten aller Art rotieren um ein hochfrequenzrechnendes Vakuum, das alles zerkleinert und zur Zahlenkolonne schreddert. Emotionen verlieren sich darin, Freiheit wird zu invertierter Freiheit.

Jeden Tag erleben wir mehr Vielfalt als jemals zuvor. Aber sie ist nicht wirklich vielfältig. Nicht nur Musik, sondern alles medial Aufgearbeitete wird zwar virtuell facettenreicher, verliert real, aber gleichzeitig an Kontur und Substanz. Als würde die Entwicklung sich selbst überspielen wollen, strahlt und schreit alles grell und laut aus den Bildschirmen und Lautsprechern. Vielfalt stürzt in ihr Gegenteil. Sie ist zwar da, aber eben nur als Ergebnis von Rechenleistung. Analoge Besonderheiten sind auch da (und werden es bleiben), verlieren aber in der Verrechnung automatisch an idiosynkratischer Qualität. Individualität steht zur Disposition, Gedächtnisleistung, Erkenntnis. Die totale Computerisierung entwickelt schon seit Jahren eine mahlstromartige Dynamik. Sie ist aber mittlerweile so unnachgiebig wie ein Schwarzes Loch. Sie zerrt uns alle in eine Existenzweise hinein, für oder gegen die wir uns nicht entscheiden können. Inhalte und die Wahrnehmung selbst wirbeln darin unaufhaltbar in die 0te Dimension. Die Möglichkeiten sind darin unendlich und zugleich negiert. Nichts ist in ihr von Bestand. Der Satz lässt sich in Zeiten von juristischen Erwägungen zu maschinellem »Vergessen« aber auch umkehren. Einmal hochgeladen, bleibt es für immer bestehen. In solchen Widersprüchen bündelt sich die Gewalt des Umbruchs. Kann man überhaupt noch semantisch fassen, was passiert? Viele Begriffe verweisen mittlerweile sogar auf ihr Gegenteil: Gefühl wird zur Logik, Information zur Desinformation, Freiheit zum Zwang, Technik zum Mythos, Individualität zur Anpassung.

Die digitalen Unendlichkeiten, das Perpetuum mobile der technischen Anwendungszusammenhänge, müssen zudem verdrängt werden. Die Rede ist seit einiger Zeit vom technischen Un- bzw. Nichtbewussten[36], das auf technische »Hintergründe« zurückgeht, die weitestgehend unreflektiert bleiben. Nigel Thrift beschreibt das folgendermaßen: »Jede menschliche Aktivität hängt von einem unterstellten Hintergrund ab, dessen Gehalt kaum hinterfragt wird: Er ist da, weil er da ist. Er ist gleichsam die Oberfläche, auf der das Leben dahingleitet. Einstmals mag der Großteil dieses Hintergrundes aus Entitäten bestanden haben, die in einer ›natürlichen Ordnung‹ existierten, also aus der ganzen Bandbreite der Wechselfälle der Erdoberfläche von der Berührung durch Luftzüge, dem Jucken der Bekleidung, bis zu Veränderungen am Himmel. Über die Zeit wurde dieser Hintergrund mit mehr und mehr ›artifiziellen‹ Bestandteilen ausgefüllt, so dass unter den gegenwärtigen Umständen viel von diesem Lebenshintergrund von ›zweiter Natur‹ ist, die künstliche Entsprechung des Atems, Straßen, Beleuchtung, Leitungen, Papier, Schrauben, und Ähnliches konstituieren die erste Welle der Artifizialität. Nun erscheint eine zweite Welle zweiter Natur, die ihre flüchtige Präsenz durch so unterschiedliche Objektgestelle wie Kabel, Formeln, Funksignale, Bildschirme, Software, Kunstfasern etc. ausweitet.«[37]

Eine Beobachtung in der Straßenbahn lässt sich im Sinne Nigel Thrifts folgendermaßen deuten: Der beidhändig schnelltippende Teenager erfährt die erste und zweite Welle der zweiten Natur als gegeben und rauscht mit etwa 100 km/h durch die erste Natur. Diese nimmt er, wenn überhaupt, nur als dahingleitenden Hintergrund wahr, vor dem sich die weiteren Hintergründe der zweiten technischen Natur auffächern. Zur ersten Welle der zweiten Natur zählt die Straßenbahn selbst. Sie ist da, weil sie da ist. Sie ist jeden Morgen da, jeden Abend – die Straßenbahn ist, wie ein Baum, einfach da. Auch die zweite Welle der zweiten Natur ist einfach da. Der Apparat, die Musik, die Bilder. Die prinzipiell unhinterfragte Hinnahme des Hintergrundes als Konglomerat aller künstlichen Gegenstände bildet so etwas wie eine technische Bedingung unseres Lebens.

»Wie hingezaubert offenbart sich jeden Morgen das Universum der Dinge vor den Menschen, niemand weiß, woher sie kommen, niemand weiß, wohin sie gehen«. Konrad Paul Liessmann beschreibt mit diesem Szenario einen Umstand, der als weitere Bedingung des heutigen Lebens gelten kann, und deutet mit ihm eine weitere, diesmal metaphysische Verschiebung an: »Nun sind es die Dinge, die Artefakte, die Gegenstände, die Waren aller Art, von denen wir nicht zu sagen wissen, woher sie eigentlich stammen und welcher Zukunft sie nach ihrem Gebrauch, ihrer Nutzung, ihrer Verwendung entgegengehen. Abstrakt gesehen sind die Dinge Resultat und Produkt menschlicher Arbeit. Aber die Arbeit selbst ist aus dieser Welt anscheinend verschwunden. Die Präsenz der Dinge ist hingegen unübersehbar und überwältigend«[38].

Gerade die vielen Laptops und Smartphones sind die archetypischen Gegenstände ohne Herkunft unserer Zeit. Die Rohstoffgewinnung in Afrika, die chinesischen Fabriklandschaften, in denen die Apparate unter zweifelhaften Arbeitsbedingungen gefertigt wurden, sind im Leben der Nutzer ebenso wenig existent wie die Programmierbüros im Silicon Valley. »Ihre Herkunft, ihr Entstehungsprozess [...] liegt im Verborgenen. Nichts an ihnen deutet an, aus welchem Rohstoff sie entstanden, durch welche Hände sie gegangen und aus welchen Maschinen sie entsprungen sind, welche Fließbänder sie sortiert und welche Fahrzeuge sie transportiert haben. Eines Morgens sind sie da. Und nur gerüchteweise weiß der moderne Mensch von jenen Friedhöfen, Halden, Verbrennungsanlagen und Endlagern, wo die Dinge ihre letzte Bestimmung finden«[39]. Die letzte Bestimmung des Menschen scheint immer mehr eine technische zu sein. Im Digitalzeitalter durchdringt das Technische jeden Lebensbereich. Wir können uns vor Technik nicht mehr retten. Doch was ist mit »Technik« eigentlich gemeint?

Der Begriff leitet sich vom griechischen *téchne* ab. Letzterer kolportiert eine ganze Reihe von Bedeutungen, die sich nach Martin Heidegger zunächst in zwei Bereiche unterteilen lassen: 1. die instrumentale Bedeutung von Technik als Mittel zum Erreichen bestimmter Zwecke; 2. die anthropologische Bedeutung von Technik als menschlichem Tun im Allgemeinen. Heidegger spricht hier folglich vom instrumental-anthropologischen Technikbegriff, der unserem heutigen Verständnis von Technik weitgehend entspricht. Dieser sei aber verkürzt, da Technik immer auch eine metaphysische Dimension in sich trage. So hatten die Begriffe *téchne* und *episteme* anfänglich bei Platon noch eine verhältnismäßig große semantische Schnittmenge. *Téchne* – im Sinne von praktischem Herstellen, von Handwerk und Kunst(fertigkeit) – war auch immer durchdrungen von *episteme* – der Wahrheitssuche, dem Drang nach neuen Erkenntnissen über das Leben, also von Wissenschaft im ursprünglichen Sinne. Heidegger geht nun zurück zu Aristoteles, der als Erster die beiden Begriffe *téchne* und *episteme* konsequent voneinander trennte. Bei Aristoteles erscheint *téchne* zum ersten Mal im einseitig zweckrationalen Gewand und *episteme* entwickelt sich zum metaphysischen Gegenstück. Man nutzt seit Aristoteles Technik, um etwas zu erreichen. Sie ist weder gut noch schlecht – es kommt darauf an, was man mit ihr macht. Dieser amoralische Technikbegriff ist für Heidegger aber unzureichend, da Technik immer auch eine metaphysische Dimension in sich trage. Was bedeutet das?

Technik ist für ihn nicht nur als Mittel, als Werkzeug zu verstehen, sondern birgt in sich einen bestimmten Weltzugang. Technisch zu denken, heißt pragmatisch und nutzenorientiert zu denken. Das Leben erscheint so als Aneinanderreihung »technischer« Problemsituationen, die »technisch« gelöst werden können. Alles – selbst die Natur – wird unter dem Gesichtspunkt des technischen Nutzwerts betrachtet. Im Weltzustand Technik entpuppt sich das »Erdreich [...] als Kohlenrevier, der Boden als Erzlagerstätte.« Die Natur wird dann zum Energie- und mit ihr der Fluss zum Wasserdrucklieferanten. Es ist dann nicht mehr das Wesen der Welt, das Wesen der Dinge in ihr und »das Insichruhen dieser, in der ihr eigenen Welt«[40].

Heidegger sagte einmal, dass wir wohl Technisches, nicht aber das Wesen der Technik verstünden und dies irgendwann unser Verhängnis sein werde. Dass er mit dieser Behauptung recht gehabt haben könnte, wird daran deutlich, dass die Frage nach dem Wesen der Technik für uns heute mehr oder minder gegenstandslos geworden ist, was auf eine grundlegende Veränderung in unserem Verhältnis zur Technik zurückgehen muss. Wir sehen den Wald vor lauter Bäumen nicht mehr. Und das ist nicht nur sprichwörtlich gemeint: Wir vernehmen kaum mehr das Insichruhen des Waldes, in der ihm eigenen Welt. Technisch gesehen ist der Wald aber lediglich Sauerstofflieferant. Aristoteles' *téchne*-Konzeption wird insofern zum Anfang einer Entwicklung, »die in der modernen Technik zu einem grenzenlosen Sichauskennen und Beherrschen einerseits und einem komplementären Sinndefizit andererseits geführt hat«[41]. Inmitten des »grenzenlosen Sichauskennens« werden die hochbrisanten, weil aus sich heraus wirkenden technischen Geräte neutrale Mittel.

Exemplarisch für die von Heidegger diagnostizierte verkürzte Vorstellung von Technik steht das folgende Zitat von Karl Jaspers, das sich bis heute als archetypische Haltung tradiert hat: »Technik ist nur Mittel, an sich weder gut noch böse. Es kommt darauf an, was der Mensch daraus macht, zu was sie ihm dient, unter welche Bedingungen er sie stellt.«[42] Dieser – ins allgemeine Bewusstsein herabgesunkene – instrumental-anthropologische Begriff von Technik blendet aber etwas aus, das viel gewichtiger und von ungleich größerer Tragweite für den Einzelnen und die Gesellschaft ist, namentlich: das Wesen der Technik. Heidegger erkennt in der Vernachlässigung dieser technischen »Mentalität« die Weichenstellung für den technischen Grundzug der Moderne. Technik wird insofern nicht mehr als dem Menschen »zuhanden«, also als von ihm beherrschbar wahrgenommen, sondern der Mensch findet sich vielmehr im »Gepräge«, im »Ge-stell«, im Weltzustand Technik wieder: »Die neuzeitliche Grundstellung ist die ›technische‹. Sie ist nicht technisch, weil es da Dampfmaschinen und dann den Explosionsmotor gibt, sondern dergleichen gibt es auch, weil das Zeitalter das ›technische‹ ist. Das, was wir neuzeitliche Technik nennen, ist ja nicht nur ein Werkzeug und Mittel, demgegenüber der heutige Mensch Herr oder Knecht sein kann; diese Technik ist vor all dem und über diese möglichen Haltungen hinweg eine schon entschiedene Art der Weltauslegung, die nicht nur die Verkehrsmittel, die Nahrungsmittelversorgung und den Vergnügungsbetrieb, sondern jede Haltung des Menschen in ihren Möglichkeiten bestimmt, das heißt auf ihre Rüstungsfähigkeit hin vorprägt.«[43] Auch bei Heideggers ehemaligem Student – Günther Anders – sind die konkreten technischen Einrichtungen selbst Fakten, »und zwar solche, die uns prägen. Und dieser Tatsache, dass sie uns, gleich welchem Zwecke wir sie dienstbar machen, prägen, wird nicht dadurch, dass wir sie verbal zu ›Mitteln‹ (bzw. Medien – Anm. d. Verf.) degradieren, aus der Welt geschafft.«[44] Das oben angeführte Zitat von Jaspers, der die Technik als neutrales Mittel beschreibt, steht insofern nicht nur exemplarisch für eine verkürzte Vorstellung von Technik, sondern auch für das auf der aristotelischen *téchne*-Konzeption basierende technische Denken selbst.

RECHENERGEBNISSE

Das Wort Computer – abgeleitet von *lat.* »computare« – lässt sich zum einen als substantiviertes Verb ins Deutsche übertragen. Da heißt es dann »Berechnen« oder das »Rechnende«. »Computare« bedeutet aber interessanterweise auch »an den eigenen Vorteil denken«. Nimmt man die beiden Übertragungen zusammen, so lässt sich beim Computer von einer Maschine sprechen, die rechnend Eigennutz erzeugt. Der technische Weltzugang liegt hier ganz unverborgen im Namen des Geräts. Der Mensch, der den Großteil seiner Zeit am Computer verbringt, wird so ganz automatisch zum Nutzer, zum »User« des rechnenden Apparats. Es kommt zu einer anthropologischen Verschiebung. Der Begriff »Anwender« steht paradigmatisch für eine Zäsur im Selbstbild des Menschen. Er ist nicht mehr einfach nur »Mensch« in seiner unerklärlichen und tragischen Situation hier auf der Erde, sondern vor allem »Anwender« des Apparats. Ein Apparat, dessen überwältigende Arbeitsweise jedoch nicht nachzuvollziehen ist. Denn »technische Medien« sind nach Friedrich Kittler prinzipiell »zur strategischen Überrollung« unserer »Sinne entwickelt worden«.

Ein Beispiel dafür wäre die klassische Filmfrequenz von vierundzwanzig Einzelbildern pro Sekunde, die gerade deshalb Bestand hat, »weil ihre Geschwindigkeit von Augen und Lidern nicht mehr einholbar ist.«[45] Was den Film vom Daumenkino unterscheidet, ist die gleichbleibende Frequenz der Einzelbilder, die so eben nicht mehr als Einzelbilder erkannt werden können. Die Sequenz der mechanisch aneinander gehefteten Bilder wird zum Bewegtbild aufgrund des taktisch überwältigten Auges. Augen *und* Ohren werden von den Vermittlungen des Computers auf andere Art überwältigt: »Ob Digitalrechner Bilder oder Töne nach außen schicken, also ans sogenannte Mensch-Maschine-Interface senden oder aber nicht, intern arbeiten sie nur mit endlosen Bitfolgen, die von elektrischen Spannungen repräsentiert werden.«[46] Sie bleiben, samt der Siliziumchips, »die aus demselben Element wie jeder Kieselstein am Wegrand bestehen«[47], hinter dem Monitorglas im Verborgenen. Das geht aufgrund der vom Computer vollbrachten Reduktion aller Dimensionen auf Null. Die Digitalität zeigt ihr Ergebnis in Form von Pixeln auf dem Bildschirm. Das mediale Ereignis selbst ist nicht sichtbar (wie die Bildfrequenz des Films). Tatsächliches Material[48] des Mediums ist und bleibt (ab den frühen 1950er Jahren) die unendliche nackte Zahlenkolonne. Erst mit der Einführung von Betriebssystemen (bspw. UNIX ab den 1960er Jahren) wurde aus der Zahlenkolonne so etwas wie eine »eindimensionale Kommandozentrale«. Mit ihr fand die erste Verdeckung, eine erste Entstellung des Materials (der Zahlen) statt, die es zudem manipulierbar machte. Im nächsten Schritt entwickelte Apple (ab den 1970er Jahren) »eine graphische oder zweidimensionale Benutzeroberfläche«[49]. Die unfassbar schnelle Berechnung der optischen und akustischen Digitalität ist selbst nicht wahrnehmbar und deswegen auch gewissermaßen unbeschreiblich.

Neben der Filmfrequenz wäre ein nachvollziehbares mediales Ereignis die Tinte auf Papier. Als physisches Ergebnis lässt es sich berühren, riechen, schmecken, zerknüllen, zerreißen. Nicht so beim Computer. Die mediale Unsichtbarkeit des Computers hat ihre Geschichte. Wir folgen Kittler und mit ihm Vilém Flusser zurück und beobachten den ersten symbolischen Akt, mit dem die Menschen irgendwann in der Vorzeit damit begannen, »aus dem vierdimensionalen Kontinuum von Raum und Zeit ein dreidimensionales Zeichen herauszunehmen, das für das Kontinuum stand, selber aber gerade aufgrund der Dimensionsreduktion manipulierbar war. Man denke an Obelisken, Grabmäler, Pyramiden. Der zweite Schritt bestand folgerichtig darin, das dreidimensionale Zeichen selber durch ein zweidimensionales bezeichnen zu lassen, das Grabmal also zum Beispiel durch das Gemälde [darzustellen]. Der dritte Schritt war die Ersetzung oder Bezeichnung des Zweidimensionalen durch die vorgebliche Eindimensionalität von Texten oder Drucksachen, die auch McLuhans Medientheorie behauptet, obwohl all unsere Buchseiten seit dem 11. Jahrhundert als Flächen gegliedert sind [...]. All diesen Reduktionen gemeinsam blieb, dass das n-1-Dimensionale das Bezeichnete, also n-Dimensionale, zugleich auch verdeckte, verbarg und entstellte. Deshalb Polemiken griechischer Philosophen gegen Götter aus Fleisch und Blut, deshalb Kriege der Bilderstürmer oder Reformatoren gegen das Kirchenbild und schließlich, der Krieg von Technik und Naturwissenschaft gegen einen textuellen Begriff von Wirklichkeit. In dem letzten Krieg, so Flusser weiter, sind eindimensionale Texte durch nulldimensionale Zahlen oder Bits abgelöst worden – mit der Pointe, dass 0 Dimensionen keinerlei Verdeckungsgefahr mehr einschließen.« Sprich: Die nackte Zahlenkolonne bleibt die nackte Zahlenkolonne. Man sieht sie aber nicht. Computer müssen, »gerade weil sie von Hause aus dimensionslos und damit bilderlos sind, alle optischen oder akustischen Daten aus eigener Kraft heraus errechnen.« Bilder auf Computermonitoren »bilden deshalb gar keine existierenden Dinge, Flächen oder Räume ab. Sie entstehen durch Anwendung mathematischer Gleichungssysteme auf die Fläche, die dieser Monitor ist. Wobei diese Fläche im Unterschied zum Fernsehbild [...] von vornherein eine quadratische Matrix aus Einzelpunkten oder eben Pixels bildet«[50]. Das wäre das vorläufige Ende eines entbergenden Prozesses, der nach dem epistemischen Wesen des Computers fragt. Der Mensch sieht und hört Rechenergebnisse einer Maschine.

Hier klingt etwas an, das der britische Science-Fiction-Autor Arthur C. Clarke einmal sinngemäß folgendermaßen beschrieb: Ab einem bestimmten Komplexitätsgrad lässt sich Technik von Magie nicht mehr trennscharf unterscheiden. Sowohl die Funktionsweise als auch die komplexen kausalen Wechselwirkungen zwischen Technik, Einzelnem und der Gesellschaft entziehen sich dem rationalen Bewusstsein des Nutzers. Die Reaktion auf Technik ähnelt dann frappierend den Reaktionsweisen anderer Kulturen auf vermeintliche übernatürliche Ereignisse: »Man beschwört, nimmt hin, bringt Opfer, spricht von höherer Gewalt. Die Bilder eines Jugendlichen, der seinem Computer immer wieder ein ungeduldiges ›Komm endlich‹ zuflüstert, zeigen keinen aufgeklärten Technikanwender, sondern ein quasireligiöses Subjekt vor seinem Kultgegenstand. Der Sachzwang ersetzt den Willen Gottes als Metapher für das Unvermeidliche, die Kämpfe um Technologien ähneln – egal, von welcher Weise sie geführt werden – früheren Religionskämpfen: Die Technik wird einerseits verklärt, zum Kultobjekt gemacht, mit sakraler Aura umgeben, andererseits verteufelt und dämonisiert«[51]. Und spätestens hier kippt die technische Situation des Menschen in einen neuen Mythos.

MYTHOS DER NEUTRALEN TECHNIK

Anders ventilierte gleich zu Beginn seines technikphilosophischen Hauptwerks *Die Antiquiertheit des Menschen* Gedanken zur »Lebensapparatur«, einem Leben in immerwährender technischer Festgelegtheit. Er spricht nicht von irgendeiner Vorentscheidung, sondern von *der* »Vorentscheidung«. Er wendet bewusst den Singular an, »denn einzelne Geräte gibt es nicht. Das Ganze ist das Wahre. Jedes einzelne Gerät ist seinerseits [...] nur ein Stück im System der Geräte.« Und dieses »Gerätesystem ist unsere ›Welt‹«[52]. Mit der eigenwilligen Umdeutung von Hegels »das Wahre ist das Ganze«[53] macht er deutlich, dass die dem Menschen zukommende Technik nicht einfach nur da ist. Sie ist Verheißung, Schicksal. Die Allgegenwärtigkeit und Intensität der Computerisierung macht Technik mehr denn je zum alternativlosen Weltbezug. Im Computerzeitalter lässt sich diese für damalige Verhältnisse sicherlich übertriebene Aussage mit aller gebotenen Nüchternheit unübertrieben in den Raum stellen. Ein heutiges »An-der-Maschine-Vorbeiexistieren«[54] ist faktisch unmöglich geworden. Man kann sich der Computertechnik buchstäblich nicht mehr entziehen. »Die Geworfenheit des Daseins«[55] bei Heidegger wird so zur Geworfenheit in eine binär codierte

Welt. Im Zuge dieser Überlegungen gewinnt der ontologisch höherstehende Apparat nach Anders an Plausibilität.

Anders überspitzt die technikkritischen Überlegungen seines einstigen Lehrers. Und damit folgt er einer zur Methode gewordenen Überpointierung seiner Thesen, die er folgendermaßen begründet: Inmitten der sich real zutragenden technischen Übertreibungen, mit denen sich die Menschen in ihrem Alltag auseinandersetzen müssen, muss der Philosoph – um am Puls der Zeit zu bleiben – selber mit Übertreibungen arbeiten. Oder deutlicher: Um mit den Bizarrheiten der technischen Entwicklungen mithalten zu können, müssen die Theorien bizarr werden.[56] Anders spricht vom »Endzustand, in dem es Einzelmaschinen deshalb nicht mehr geben wird, weil diese dann alle als Maschinenteile in den Schoß der einen allein seligmachenden Maschine eingegangen sein werden«[57]. Nicht mehr die Gedärme der Opfertiere sind es, die wir prognostisch lesen zu lernen hätten, »sondern die der Apparate. Diese verraten uns die Welt von morgen und den Typ unserer Kindeskinder, sofern es solche noch geben wird«[58]. Anders' Übertragung des anthropologischen Initiationsritus in die Technik fand noch unter dem Vorzeichen des »Human Engineering«[59] statt. Bereits damals wurden zahlreiche Experimente im Bereich der Verschränkung von Technik und Mensch durchgeführt, um Arbeitsgänge in der Industrie zu optimieren. Jene nahm Anders zum Anlass, seine Umkehrung des Subjekt-Objekt-Verhältnisses und die gleichzeitige Minderwertigkeit des Menschen im Angesicht der selbstgeschaffenen Technik zu untermauern. Die Aufnahme in die Gemeinschaft der Erwachsenen, also »in die Zahl derer, die ›zählen‹«[60], fand dabei nicht mehr nur über das Gerät statt, sondern diese waren bei ihm bereits die Geräte selbst. Die Versuchspersonen des Human Engineering waren die »Neophyten« einer neuen, sich weltweit ansiedelnden Spezies, deren Kindheit und Pubertät in der erwachsenen Anwendung des Geräts endete. Anders sah im Wunsch, sich dem Gerät so gut wie möglich anzugleichen, das »summum bonum totaler Anwendbarkeit«[61]. Die Initiation der neuen Lebensphase war dann geglückt, wenn der Einzelne sich der ihm natürlich innewohnenden Spontaneität und Menschlichkeit entledigt hatte, wenn er also seine Passivierung und Verdinglichung vorangetrieben hatte und so selbst zum Maschinenteil geworden war. Doch wie war das möglich, zum Teil einer Maschine zu werden?

»Jeder, der einmal an einer Maschine gearbeitet hat, wird die Beobachtung gemacht haben, dass er diese erst dann als ›seine‹ betrachtet hat, wenn seine von ihrem Gange erforderten Handgriffe eingegleist waren und automatisch vor sich gingen – wenn er also ihrer war«[62]. Anschaulich beschreibt Anders hier eine bemerkenswerte Transformation des Menschen bei der Maschinenarbeit: Die unmerklich stattfindende »Eingleisung« der menschlichen Handgriffe und die gleichzeitige Illusion der menschlichen Vereinnahmung der Maschine.[63] Mit dieser »Eingleisung« vollzieht sich auch ein Perspektivwechsel: »Erst dadurch, dass wir uns an die Geräte adaptieren (nein, selbst diese Formulierung unterstellt noch zuviel Spontaneität), erst dadurch, dass die Geräte uns an sich adaptieren, kommt diejenige ›adaequatio‹, nämlich ›producti et hominis‹, zustande, die es uns dann nachträglich erlaubt zu glauben, dass unsere Welt ›unsere‹, dass sie Ausdruck von uns heutigen Menschen sei«[64]. Das vermeintlich aktive Sichaneignen der Maschine durch den Menschen kippt über eine invertierte Adaption in einen Zustand der Ohnmacht, die wir aber nicht mal wahrnehmen und folglich auch nicht deuten wollen. Das Prinzip der invertierten Adaption bei der Maschinenarbeit überträgt Anders auf die Medien seiner Zeit und kommt bei ihnen auf ein ähnliches Resultat. »Was uns prägt und entprägt, was uns formt und entformt, sind eben nicht nur die durch die ›Mittel‹ vermittelten Gegenstände, sondern die Mittel selbst, die Geräte selbst: die nicht nur Objekte möglicher Verwendung sind, sondern durch ihre festliegende Struktur und Funktion ihre Verwendung bereits festlegen und damit auch den Stil unserer Beschäftigung und unseres Lebens, kurz: uns.«[65] Der Mensch intendiert nicht primär die Nutzung des Mediums, sondern erfährt die dem jeweiligen Medium innewohnende Struktur bei der Nutzung und wird von dieser zunächst geformt. Die Problematik der impliziten Struktur der Medien spricht Anders in zuvor nicht gekannter Direktheit an. Es stellt sich demzufolge nur sekundär die Frage, »was wir aus diesen Einrichtungen ›machen‹, [...] für welche Zwecke wir sie als Mittel einsetzen‹. Illusionär sei die Vorstellung vom an sich guten Medium – ›die Einrichtungen selbst sind Fakten; und zwar solche die uns prägen«[66]. So verkehrt sich die prinzipielle Unfestgelegtheit[67] und Individualität des Menschen in eine medienbedingte Festgelegtheit.

Die heutigen technologischen Setzungen haben etwas Klaustrophobisches an sich. Sie zwingen den Einzelnen ohne Pause in verschiedene vorgegebene technische Umgebungen und Anwendungsmodi, denen er nicht mehr entkommen kann. Und diese stellen die heutigen Anwender der Geräte vor ganz andere Bewältigungsprozesse als zur Zeit der frühen Fernsehära: Die Touchscreens, Akkumulatoren, Ladekabel, Router, Benutzeroberflächen, Icons, Apps, Downloads, Updates, Ordner und Unterordner, Bluetoothverbindungen, persönliche Hotspots, Playlists, Emoticons, Chatverläufe, WhatsApp-Gruppen, Chroniken, Handykameras, Profilbilder, Bildergalerien, Selfies, Reels, Sprachnachrichten, Videochats, Konferenzschaltungen, Statusmeldungen, Systemeinstellungen (die Liste könnte noch lange weitergehen) sind nicht einfach nur da, sie umlagern einen. Jeder ist insofern den identischen technischen Umgebungen ausgesetzt und macht, mit leichten situationsbedingten Abweichungen, dasselbe. Dem steht der existenzielle Lebensentwurf des Individuums nach Jean-Paul Sartre gegenüber. Das »nein« sagen können ist bei ihm von zentraler Bedeutung – genauer: die Fähigkeit zum Verneinen bestimmter allgemein gültiger Vorgaben seiner Gegenwart. Das von Heidegger übernommene »Nichtende«, das Sartre mit »Néant« übersetzt, bezeichnet eben dieses Verneinen-Können, das den Menschen erst zum freien Wesen macht. Der einengenden Tatsache, sich in einer Welt vorzufinden (dem »An-sich«), die nicht vom Einzelnen gewählt, nicht Ergebnis einer freien Entscheidung ist, steht die Bestimmung des Individuums zur Freiheit gegenüber. Es kann – mit Mut und Anstrengung – zum Vorfindlichen, in das es hineingeboren wurde, »nein« sagen und sich selbst zum »Für-sich« machen.

Heute wird jeder Mensch in seine Digitalität hineingeboren. Sie ist das Vorfindliche, das sich jedoch nicht verneinen lässt. Auch die den Anwendern zukommende emotionale Situation lässt sich nicht negieren. Der »Ekel« vor der mit Emoticons durchsetzten Sprache via Echtzeitmessenger und Social Web muss als konstitutives Element der Entwicklung angesehen werden. Er kommt gegenwärtig einem jeden zu. Nicht nur der Ekel vor dem Inhalt, also dem Sprachregress, ist hier zu nennen. Vielmehr ist für viele die primäre mediale Emotion das pure Angewidertsein vor der beständigen feingepixelten Verdinglichung des Selbst und des Anderen. Für Sartre ist die objektivierende Wirkung der fremden Blicke bereits ohne Smartphone im »Always-on«-Modus ein Problem. Bei ihm sind bereits eine Menge Leute auf der Welt in der Hölle, »weil sie zu sehr vom Urteil anderer abhängen«[68]. Die der Digitalisierung inhärenten Ideologien der Transparenz und Beobachtung zwingen jeden Anwender in die Rolle des permanent beobachteten und beurteilten. Sie zu verneinen kommt gegenwärtig einem Wagnis gleich, das zu Isolation und Erfolglosigkeit führt. Sartres Freiheitsbegriff geht zu einem nicht unbeträchtlichen Teil auf Günther Anders' Konzeption der Unfestgelegtheit des Menschen zurück.[69] Der Mensch ist aber nicht nur in der Welt verloren, sondern auch im Verhältnis zu sich selbst. Das Individuum ist von sich abgeschnitten und muss nicht nur mit dem Umstand, einem Ursprung zu entstammen, »den er nicht verantwortet und mit er sich dennoch zu identifizieren hat«, als auch mit »dem ihm Vorgegebenen, vor allem seinem Dasein und seinem Sosein, seiner Leiblichkeit und Befindlichkeit, fertig werden«[70]. Mit dem »Schock der Kontingenz« beschreibt Anders die emotionale Starre vor der Tatsache der eigenen Zufälligkeit. Der Mensch kann nichts dafür, dass er da ist, er kann nichts dafür, dass er so ist, wie er ist, und dort ist, wo er ist. Hinzu kommt der »Schock der sozialen Geburt«[71]. Wie bei Sartre sind es die Anderen, die den Einzelnen in die objektivierte Unterlegenheit zwingen. Beide apriorisch dem

Menschen zukommenden Schockmomente werden heute erweitert um den »Schock der Digitalität«, oder besser: den »Schock des digitalen Profils«. Der digitale Schock verurteilt nicht nur zur Unfreiheit, sondern zur Fremdbestimmtheit und Überwachung. Denn die Koordinaten des »Onlife« sind von Programmierern vorgegeben und können beliebig variiert werden. Da auf informationeller Ebene alle gleichermaßen digitalisiert werden und alle das Gleiche verwenden, sind auch alle irgendwie gleich. Der Mensch mit Smartphone und Social Media wirkt so in seiner »Künstlichkeit« und »Unbeständigkeit«[72] beschnitten. Denn er folgt primär den technischen und medialen Formbestimmtheiten, die ihn hochgradig prägen. Prägend sind heute vor allem die Imperative der Vernetzung und Erreichbarkeit. Lange vor den transhumanistischen Verheißungen unserer Zeit (und lange vor Kasparows »Ich schäme mich«) spricht er von der Entthronung des Menschen und erkennt in der Technik das neue »Subjekt der Geschichte«[73]. Nicht mehr der Mensch herrsche über die ihn umgebenden Maschinen, sondern die Technik macht ihn zum nebensächlichen Objekt. Nicht so sehr in der intendierten technischen Handlung selbst, sondern in der unbewussten Rückprägung entwickelt die Gerätewelt ihre eigentliche Gewalt, ihre eigentliche Tücke.

Nehmen wir ein bekanntes Zitat aus Sartres Roman »Der Ekel«, um die Ideen von Anders in unsere digitalisierte Welt zu übertragen: »Ich war zufällig erschienen, ich existierte wie ein Stein, eine Pflanze, eine Mikrobe. Mein Leben wuchs aufs Geratewohl und in alle Richtungen. Es gab mir manchmal unbestimmte Signale; dann wieder fühlte ich nichts als ein Summen ohne Bedeutung«[74]. Das zutiefst existenzialistische »Summen ohne Bedeutung« wird heute Nonstop vom unmerklichen Summen der Apparate begleitet. Und dies steht paradigmatisch für die Grundkondition des Lebens im 21. Jahrhundert: Es gibt keinen Standort mehr außerhalb des Getriebes. Das »zufällige Erscheinen«, das »in alle Richtungen wuchs« findet heute in Koexistenz zur ominösen Digitalität statt. Anders spricht schon von einer sonderbaren Eigendynamik, die schon dem damaligen Gerätesystem (bestehend aus Radio, Schwarz-Weiß-Fernseher und Printmedien) innewohnte: Geräte, die »teils die Bedürfnisse anderer Geräte« befriedigen, teils durch ihr eigenes Dasein »anderen Geräten wiederum Bedürfnisse nach neuen Geräten«[75] aufzwingen. Schon lange vor der App-Kultur unserer Tage erkannte Anders in der den Menschen umgebenden Medientechnik eine eigene autonom waltende Entität, der dieser nicht mehr gewachsen war. Diese Wirkung bleibt aber gewöhnlich unsichtbar und macht uns zu Wesen, die »blindlings an den Geräten vorbeileben«[76]. Wir werden sozusagen hinterrücks von den Geräten geprägt und merken es nicht; oder wollen es nicht merken. Die »Unaufrichtigkeit«[77] bei Sartre – eine bestimmte Form der Selbsttäuschung aufgrund von äußeren Erwartungshaltungen – erfährt in der digitalisierten Gegenwart eine grundlegende Neujustierung. Der Konformitätsdruck legt uns ganz konkret auf ein bestimmtes Gerätekontingent und bestimmte Programme fest. Die hinter dem Bildschirm waltende Eigendynamik der algorithmisierten Filterblasen erzeugt eine ganz neue Form der »mauvais foi«.

Die Eigendynamik von Social Media konnten die hier behandelten Philosophen nicht absehen. Anders erkannte aber bereits im Fernsehzeitalter die dem Fernsehformat implizite Suggestionskraft von Nähe und Vertrautheit.[78] Seine weiter oben beschriebene Theorie der »Du-auf-du-Beziehung« entwickelt erst heute eine Dynamik, die der Bezeichnung gerecht wird. Das »Auf-du« mit der ganzen Welt setzt sich nahtlos in die interaktiven medialen Handlungen der User fort. Der Heimarbeiter bei Anders erfährt erst heute über Instagram die »Pseudofamiliarisierung« mit allem und jedem. Es ist, wie Mark Zuckerberg es einst formulierte: »Wer in Echtzeit interagiert, ist persönlicher verbunden«[79]. Heute, gut zehn Jahre nach dem offiziellen »Ende der Privatsphäre«[80] weicht die medienbedingte Nähe zusehends einem schalen Nachgeschmack des potentiellen Überwachtwerdens.[81]

Ein weiterer emotionaler Effekt, den Anders bereits in der frühen Fernsehära ausmachte, war der unterschwellige Zwang zum »Nicht-Verpassen der Welt in effigie«[82], die dem Menschen, in der permanenten Apparate-Koexistenz zukam. Diese Entwicklung kulminiert heute im Phänomen der »Fear of missing out« – der Angst davor, etwas zu verpassen. Sie steigert sich einer inneren Logik folgend proportional zu den Möglichkeiten des digitalen Zugangs. Da man potentiell alles sehen und jeden kennenlernen kann, entspricht jeder Moment offline einer ungenutzten Frist voll verschwendeter Möglichkeiten. Im Zwang zum »Nicht-Verpassen der Welt in effigie« erkannte Anders eine neue fundamentale Herausforderung des Menschen am Apparat. Sein Konsum der aufgefahrenen Bilderwelt kam einer festen Anstellung gleich. Er erarbeitete parallel zur verordneten Heimarbeit am Fernsehgerät die verbiedernden Effekte derselben. Zu den Quellen der Verbiederung zählt er zum einen die Verwischung der Trennlinien zwischen nah und fern, unbekannt und bekannt. »Wenn alles und jedes, gleich ob fern oder nah, mir nahesteht, wenn alles und jedes das gleiche Recht beanspruchen kann, seine Stimme zu erheben und gleich familiär von mir aufgenommen zu werden; wenn jeder Bevorzugung bereits das Odium des Privilegs anhängt, dann ist damit, gewiss unbewusst, ein strukturell demokratisches All unterstellt, ein Universum, auf das die [...] Prinzipien der Gleichberechtigung und der Toleranz Aller angewandt sind.«[83] Das »Odium des Privilegs« lässt sich dabei direkt auf den YouTube-Algorithmus übertragen. Egal ob Kätzchen-Video oder die in Zeitlupe feilgebotene Explosion eines Fahrzeugs im Ukraine Krieg – beide Videos erhalten die gleiche Prominenz innerhalb des Settings. Beides wirkt gleichermaßen berücksichtigungswürdig. Das »demokratische All« verweist genau auf diese nivellierende Wirkung, die Anders noch im Kontext seiner Kritik am Fernsehen seiner Zeit (also einer Handvoll Sender mit überschaubarem Programm in Schwarz-Weiß) beobachtete. Distanzlosigkeit und die Neutralisierung der Inhalte sind zwei hochaktuelle Effekte der Digitalisierung.

Die Anwender erscheinen mit den Rückbezügen zu Heidegger und Anders als die Wesen, die in den Arbeitsprozess der digitalen Maschinerie unausweichlich eingeschliffen sind. Unausweichlich, da die Anwender im »Always-on«-Modus tatsächlich zu jeder Zeit, an jedem Ort in einen unaufhaltsamen und ubiquitären Prozess integriert sind. Für Anders und Heidegger war gerade dieser umfassende Prozess der Mediatisierung, die sich in den 1950ern allmählich zutragende gesamtgesellschaftliche Ausstattung mit Radio und Fernseher, so dubios. Für beide wurde insofern eine Metaphysik der (Medien-)Technik immer plausibler. Während Heidegger mit seinen Gedanken über »das Wesen der Technik«[84] vage blieb, analysierte Anders die konkreten Phänomene der medialen Neuerungen. Beide verglichen die Gläubigkeit an die Technik mit religiösem Glauben.[85] Anders überspitzt formulierte These vom »gerät-eschatologischen Reiche der Glückseligkeit«[86] ergibt im gegenwärtigen Szenario der Digitalisierung aller Bereiche des Lebens neuen Sinn. Unselig derjenige, der sich dem Computermedium verweigert. Ketzerisch derjenige, der dem Gebot des Bildschirms nicht folgt.

Die »Seinsvergessenheit« und das grenzenlose technische »Sichauskennen«[87] bei Heidegger manifestieren sich heute in den informationellen Weiten via Google. Technisch ist im Grunde alles da, zu jeder Zeit. Alles ist bestellbar und konsumierbar. Von einer neutralen Technik kann spätestens hier nicht mehr gesprochen werden. Der Mensch steht so immer weniger der Kontingenz der ihm erscheinenden Welt gegenüber. Sein Platz wird ihm in Zukunft von der Maschine zugewiesen. Der Platz selbst, also der freie Raum der Welt, unterliegt im Digitalzeitalter einer neuen Form des »Zeugzusammenhangs. Der Platz und die Platzmannigfaltigkeit dürfen« – im Kontext von Google Maps mehr denn je – »nicht als das Wo eines beliebigen Vorhandenseins der Dinge ausgelegt werden.« Alles – selbst das Himalaya-Gebirge und der Pazifik – steht an seinem hochfrequent verrechneten Platz. Denn »der Platz ist das bestimmte ›Dort‹ und ›Da‹ des Hingehörens eines Zeugs«[88]. ›Da‹ und ›Dort‹ ist es über den allzeit bereiten Bildschirm vereinnahmbar, »wegswipebar«. Man kann es immer ansehen und doch auch jederzeit wegklicken. Die Welt wird zum bunt bewegten

Touchscreenereignis und mit der spontanen Hotelbuchung auf ganz konkrete Weise »bestellfähig«. Wie wenig neutral hier die digitale Maschinerie einen bestimmten Weltbezug herstellt, lässt sich nur andeuten. Das, was Heidegger einst als »Zuhandenheit« beschrieb, wird heute – always on – zum waltenden Lebensmodus. Das Wesen der Maschine tritt hier ganz offen zu Tage. Es ist das »Bestellen von Bestellbarem«[89], das als Prinzip via Instagram seine Perversion erfährt.[90]

MASCHINELLE EMOTIONEN

Eine Maschine ohne Maschinenlärm, kein Ölgeruch tritt aus ihr aus. Keine einrastenden Schalter oder Hebel sind an ihr zu bedienen. Alles kommt sanft, intuitiv bedienbar und geschmeidig daher. Hier wird die Lage kompliziert. Die uns umgebenden Apparate haben ein glattes, freundlich-serviles Antlitz und sind doch Maschinen. Blitzschnell rechnende Maschinen, die die Maschinisten (und wir sind heute alle Maschinisten) nicht mehr verstehen können. Wie fühlen wir uns eigentlich dabei? Gibt man bei Google die Begriffe »Emotion« und »User« ein, rechnet der Algorithmus aus der Datenunendlichkeit folgende Seiten in die obersten Plätze: »Glücklichere User durch positives Webdesign« und »Joy of Use – einfach erklärt«[91]. Gefühle und Techniknutzung – so der mitgelieferte Subtext – befinden sich in einem Zustand positiver Konvergenz. Sie sind es wert, optimiert zu werden, um zu noch mehr »Joy«, zur gerätbedingten Glückseligkeit des Anwenders beizutragen. Dass die Gefühle des Users nicht nur aus Sicht der Optimierungsbemühungen von Webentwicklern eine Rolle spielen, machen indes die vielen Forschungsprojekte zum Themenkomplex Emotion und Technik deutlich.[92] Edward O. Wilson – der renommierte britische Soziobiologe – wurde einmal gefragt, ob die Menschheit es schaffen würde, die Krisen der nächsten 100 Jahre zu bewältigen. Er äußerte sich skeptisch und machte die Fähigkeit zur kollektiven Krisenbewältigung von der Bereitschaft abhängig, die wahren Probleme der

Menschheit überhaupt erstmal zu erkennen. »The real problem of humanity«, sagte er, »is the following: We have Paleolithic emotions [...] and godlike technology.«[93]

Die paleolithischen Emotionen und die gottähnlichen Technologien waren auch für Anders das zentrale Dilemma des modernen Menschen. Er datiert den Ursprung dieser verhängnisvollen asymmetrischen Entwicklung zurück in die Neuzeit. In ihr sei das »Veränderungstempo des Fühlens Jahrhunderte lang langsamer gewesen [...] als das des Denkens«. Dies führe dazu, dass der technische Vorsprung »vor unserer emotionalen Kapazität katastrophal groß geworden«[94] sei. Ganz im Gegensatz zur (auch heute noch weit verbreiteten) Vorstellung von der Entwicklung der Menschheit als Technologieentwicklung sprach Anders vom Desiderat der Geschichte der Gefühle.[95] Für ihn war jedoch klar: Technik lässt sich nicht einfach ignorieren – im Gegenteil: Inmitten seiner technischen Überfrachtung muss der Mensch sich irgendwie mit seiner Situation arrangieren und kann das nur, wenn er die Umstände, in denen er lebt – sein technisches Dasein – gründlich durchdenkt. Der Mensch mit seinem Bedürfnis nach Selbsterkenntnis müsse sich mit dieser unumgänglichen Asynchronisiertheit seiner Gefühle mit der technischen Entwicklung auseinandersetzen. Und diese Auseinandersetzung kann für Anders nur mit einer kompromisslosen und unbeschönigten Konfrontation mit den herrschenden Umständen beginnen. Doch eben jene zu erkennen, war für den Einzelnen inmitten der rasanten technischen Entwicklung nicht so ohne weiteres möglich. Denn der Kampf des Menschen mit seiner Technik unterlag in Anders' Augen schon damals der Verharmlosung einer technikaffirmativen Ideologie. Die langsame Entwicklung des Fühlens steht der technischen Exorbitanz gegenüber – dem Mediensystem, der Waffentechnik, der industriellen Fertigung. Wie soll der Mensch überhaupt begreifen, was um ihn herum geschieht? Wie lässt sich emotional fassen, was sich ereignet? Ganz im Gegensatz zur Annahme, der »emotionale Apparat« sei »unveränderbare Mitgift«, steht die faktische »Plastizität des Gefühls«[96]. Der Mensch hat mit ihr eine Mammutaufgabe vor sich. Er muss sich emotional mit der Enormität seiner selbstgeschaffenen Apparate synchronisieren.

Paradigmatisch hier die von Charlie Chaplin in seinem Film *Modern Times* persiflierte Montagetätigkeit am Fließband. Die Arbeit im Akkord, bei der der Arbeiter selbst eine eigenartige Doppelrolle einnimmt: Er ist der unter Zeitdruck arbeitende Verfertiger des Produktes und ist doch gleichzeitig nicht dessen wirklicher Hersteller. Ohne sich explizit auf Karl Marx' Entfremdungslogik zu beziehen, beobachtet Anders doch den psychologischen Subtext, der im Entfremdungsprozess des Arbeiters mitschwingt. Er benennt hier *die* widersprüchliche Grundkondition im industrialisierten Produktionsprozess schlechthin: das aktiv-passiv-neutrale Mittun. Der Arbeiter am Fließband ist zwar aktiv am Produkt tätig und doch im Sinne der Herstellung in höchstem Maße passiv. Ohne Beziehung zum Produkt arbeitet der Fließbandarbeiter für sich genommen in einem gänzlich »teloslosen, weil unaufhörlichen Zirkel der Bedeutungslosigkeit. Er wird zum »Arbeitsnihilisten«. Mustergültig hier der redundante, kleinteilige Tätigkeitsausschnitt in einem eng abgezirkelten Arbeitsbereich, im Gegensatz zur sich bewegenden Maschine. Während das Produkt auf dem Fließband mit jedem Arbeitsschritt an Komplexität gewinnt, reduziert sich der Arbeitsgang des einzelnen Arbeiters auf die wenigen – an sich sinnlosen – Handgriffe seines Fertigungsbereiches. Anders überspitzt das Verhältnis: Das »Wer der Geschichte«[97] ist nicht mehr der Mensch, sondern die Technik. Nicht die Technik ist dem Menschen – heideggerisch ausgedrückt – das »zuhandene Zeug«[98], sondern der Mensch ist der Technik »ko-substantielles« Objekt. Der Arbeiter, der unter dem zu fertigenden Gegenstand (einem Auto beispielsweise) mit seinen spezialisierten Montagetätigkeiten beschäftigt ist, degeneriert zum niederen Zuarbeiter des ihm übergeordneten Fertigungsgegenstandes. Das höhere Wesen ist das Industrieprodukt geworden.

Es beginnt ein Spiel mit den Perspektiven: Der Arbeiter muss sich also damit abfinden, keine höhere Konstruktion am Fließband, sondern aus Sicht des Gerätes – seines eigenen Produktes – eine minderwertige »faulty construction«[99]

zu sein. Er wird zum antiquierten Objekt, das aus »Produktsicht« makelbehaftet erscheint. Dieser Perspektivwechsel, der den Marx'schen Entfremdungsprozess ins Absurde überhöht, findet parallel zur maschinellen Eingleisung der Handgriffe des Arbeiters statt. Das vermeintlich aktive sich Aneignen der Maschine durch den Menschen kippt in ihr Gegenteil. Die invertierte Adaption des Menschen in den Prozess der Maschine führt in einen Zustand der Ohnmacht, die aber nicht mal wahrgenommen wird. Und das ist die entscheidende Pointe in Anders' philosophischen Ausführungen zur Maschinenarbeit: Die Eingleisung der Handgriffe, die emotionale Adaption des Arbeiters bleiben seinem Bewusstsein unzugänglich. Ohne dass er es merkt, ergibt er sich der Technik und erkennt an, vor der Maschine banal und austauschbar geworden zu sein.

Auch diesen Gedankengang treibt Anders auf die Spitze. Übertrieben erscheint zunächst auch der folgende emotionspsychologische Kontext, den Anders der oben beschriebenen technikbedingten Degradierung des Fabrikarbeiters unterstellt. Es handelt sich um die unbewusste Internalisierung der eigenen Banalität und Austauschbarkeit beim aktiv-passiv-neutralen Mittun an der Maschine. Das Gefühl der eigenen Austauschbarkeit konsolidiert sich im Angesicht des »ontologisch höher stehenden Apparats«. Und das Individuum versucht seiner Banalität zu entkommen, in dem es – hilflos, wie es ist – anfängt, die eigene Austauschbarkeit als erstrebenswerten Zustand zu bewerten bzw. seine Nicht-Austauschbarkeit als Makel zu empfinden. Mit der »Malaise der Einzigkeit«[100] benennt Anders das grundlegende Missverständnis der Einmaligkeit jedes Einzelnen als eines Übels. Wie paradox die Situation – gerade vor dem Hintergrund der humanistischen Wertschätzung von Individualität und Unersetzbarkeit des Einzelnen – sich ausnimmt, beschreibt Anders in prägnanten Worten: »Dass jeder Einzelne als Einzelner, jedes Individuum als Individuum, unersetzbar (›unersetzlich, wertvoll‹) sei, war ja schließlich das Credo jeder Humanität gewesen«[101]. Bezeichnen wir den Menschen als unersetzbar, könnte es also »so klingen, als sprächen wir hier von einem Humanitätsrudiment oder von dem Rest der Humanitätserfahrung. Das Gegenteil ist der Fall. Denn entscheidend ist hier eben, wie der Einzelne seiner eigenen Unersetzbarkeit gegenübersteht; als was er sie empfindet. Also die Tatsache, dass er sie als eine unverdiente Benachteiligung bewertet; als ein Attribut, gegen das er sich sträubt, obwohl er nicht bestreiten kann, mit ihm identisch zu sein – kurz: als einen Defekt und einen Makel, dessen er sich schämt«[102].

Der Mensch ist beschämenswert individuell. Er hat keine ontologisch höhere Ebene mehr. Er hat sie an seine Produkte abgetreten. Er kann am »Himmel« seiner Produkte nicht teilhaben. Anders übernimmt Platons Teilhabe-Konzept in seine Überlegungen und bescheinigt damit den Dingen ihre metaphysische Überlegenheit. Der Mensch hingegen ist ohne Urbild. Ihm bleibt der Zugang zu einer göttlich-unendlichen Idee verwehrt und er fristet sein Dasein »in obsoleter Einmaligkeit«[103]. Die Tatsache, dass es ihm nicht »vergönnt ist, in mehreren (gleichzeitigen oder sukzessiven) Exemplaren zu existieren; dass keiner die Chance genießt, wie Glühbirne oder Langspielplatte, in der Gestalt eines neuen Exemplars sich selbst zu überleben«[104], hängt ihn vom Eigentlichen, ontologisch höheren Geschehen ab. Den »Olymp der Fertigware« erklimmt er nicht, er steigt ab in den »Hades des Rohstoffes«[105].

MENSCHENHAUFEN

Sven Hillenkamp illustriert das Rohstoff-Lebensgefühl im Digitalzeitalter ganz treffend: »Von weitem sieht man einen Menschen auf einen anderen zu fallen, als befänden sich beide auf einer Senkrechten, keiner Waagrechten. Überall sieht man die Menschen fallen, einer auf den anderen zu. Die Erde steht lotrecht, es gibt kein Halten mehr. In Ecken und Sackgassen bilden sich Menschenhaufen.«[106] Die Menschen in den Haufen liegen aufeinander, ersticken fast, versuchen sich aus dem Haufen zu befreien und schauen doch immer noch währenddessen auf einen Bildschirm, in dem sie bestimmte Möglichkeiten für sich entdecken wollen. »Die großen, lebensentscheidenden Möglichkeiten werden ergänzt durch die alltäglichen virtuellen ›Gelegenheitsmöglichkeiten‹. Musik, Bilder, Unterhaltung, Informationen – die Möglichkeiten sind nicht einfach nur da. Sie sind nicht nur Objekte dezidierten Auswählens. Sie belagern vielmehr den Einzelnen. Er kann sich vor ihnen nicht retten. Dennoch kommt er nicht endgültig an sie heran. Die unendlichen Möglichkeiten sind insofern nicht konkret, sondern abstrakt. Sie sind aber doch noch so weit konkret, als dass man sie sehen und hören kann, man kann sie vor sich haben, aber nicht hinter sich bringen. Die unendliche Auswahl auf YouTube und Netflix lässt sich nicht durcharbeiten. Das Leben fühlt sich an wie endlos zirkulierende Elektrizität in einem Schaltkreis. Und der Kampf gegen die unendlichen Unterhaltungs-, Kennenlern-, Bilder-, Spiel- und Musikmöglichkeiten ist wie der Kampf gegen die Hydra. Aus jedem abgeschlagenen Kopf wachsen zwei neue nach.«[107]

Die Tragik selbst – der Kampf gegen die Maschinerie – wird jedoch von den Unterhaltungsangeboten überstrahlt. Theodor W. Adorno und Max Horkheimer beschäftigten sich in ihrer »Dialektik der Aufklärung« bereits während des Zweiten Weltkriegs im kalifornischen Exil mit dieser verhängnisvollen medialen Situation. Dieser bizarre zeithistorische und geographische Kontext war ausschlaggebend dafür, dass sie Medien zeitlebens mit konzessionsloser Kritik begegneten. Es waren die erschütternden Bilder des tobenden Krieges im fernen Europa einerseits und die gleichzeitige unmittelbare Nähe zur bunten Entertainmentkultur Kaliforniens, die ihre Skepsis vor der »aufgeklärten« Gesellschaft befeuerten. Die Medien schienen allmächtig: sowohl die gleichgeschalteten Instrumente von Goebbels' Propaganda im faschistischen Deutschland als auch die perfide Infiltration des Lebens mit seichtem US-amerikanischem Mainstream.

Genau in diesem Spannungsfeld ereignet sich das jähe Ende der kulturellen Bewegung der Aufklärungszeit. Eine Bewegung, die spätestens mit dem Horror des Nationalsozialismus nicht nur zum Stillstand kommt, sondern nahtlos in ihre eigene Regression übergeht. Paradigmatisch für den regredierten Zustand der Gesellschaft steht die industriell produzierte und verbreitete Meterware; ihre ans Absurde grenzende Homogenität. Was äußerlich nach Diversität, nach Auswahlmöglichkeit aussieht, ist im Grunde eine bloße Suggestion von Wahlfreiheit. »Der Schematismus des Verfahrens zeigt sich daran, dass schließlich die mechanisch differenzierten Erzeugnisse als allemal das Gleiche sich erweisen«: Die Radio- und Kinofilmproduktionen, Magazine und Journale, Comics und Werbeplakate sind für die traumatisierten Exilanten wie ein dirigiertes Orchester, das jedoch nicht als solches erkannt werden darf. Den Produzenten der Medieninhalte geht es darum, »den Schein von Konkurrenz und Auswahlmöglichkeit zu verewigen«.[108]

Deutlich erkennbar sind hier ihre Bezüge zu Marx und Freud: Sie betonen das verdrängte Primat einer dünnen Schicht tatsächlich Produzierender, im Gegensatz zum passiven Konsum der Masse. Die produzierende Schicht stellt nicht nur den »Gegenstand der Konsumtion« her, sondern über die Medien ihrer Zeit auch die Vermittlung, also die Art und »Weise der Konsumtion« und letztlich den »Trieb der Konsumtion«[109] selbst. Die von Goebbels ›gleichgeschalteten‹, also faktisch unterworfenen Mediensparten hinterließen – höchst nachvollziehbar – eine tiefe Skepsis am Gesamtsystem, das in seinen Grundzügen weiterhin als totalitär und manipulativ wahrgenommen wurde. Nach dem Fall der Nazis war der faschistische Geist aus den Kanälen der Medien gewichen. Nun strömte der monopolkapitalistische nach. Das ökonomische Ungleichgewicht zeigte sich am deutlichsten im »technischen Gegensatz weniger Handlungszentren zur zerstreuten Rezeption [...] der Millionen«.[110] Hinter den die Aufmerksamkeit zerfasernden Produkten der Kulturindustrie stand eine sich immer mehr verfestigende ökonomische Macht der Wenigen über die Vielen. Es war ein Mechanismus, der den meisten jedoch unbewusst blieb aufgrund des zahnradartigen Ineinandergreifens der jeweiligen Industrien, des direkten Anschlusses des monopolkapitalistischen an den faschistischen Kanal. Die Medien waren in dieser Hinsicht nach dem Untergang des »Dritten

Reiches« immer noch ›gleichgeschaltet‹, nur unter einem anderen Vorzeichen. In einem Interview zum Thema Fernsehen und Bildung machte Adorno in diesem Zusammenhang deutlich, dass einzelne Sparten, wie das Fernsehen, nicht isoliert gesehen werden dürfen. »Film, Radio, Magazine machen ein System aus. Jede Sparte ist einstimmig in sich und alle zusammen.«[111] Sie sind jeweils nur »ein Moment in dem Gesamtsystem der gegenwärtigen industriell gesteuerten, dirigistischen Massenkultur [...], der die Menschen ununterbrochen in [...] unzähligen Kanälen des Lebens ausgesetzt sind«. Er spricht weiterhin von der »Gesamtmodelung des Bewusstseins und Unbewusstseins«, die »nur durch die Totalität dieser Medien hindurch erfolgen kann.«[112]

Der subtile und gleichzeitig umfassende Zwang der aufkommenden Massenkultur der Nachkriegsära wurde überdeckt von den grellen Plakaten, den redundanten Slogans, den primitiven Melodien. Die oberflächliche Heiterkeit, das naive Belustigtsein vor dem Hintergrund der eben erst geschehenen Katastrophen des 20. Jahrhunderts, ließ Adorno und Horkheimer nicht los. Wie war ein anspruchsloses Vergnügtsein in Anbetracht des wenige Jahre zurückliegenden Holocausts möglich? Wie konnten sich Menschen nach den Gräueltaten der just zu Ende gegangenen dunkelsten Ära der Menschheit nur mit seichter Unterhaltung abspeisen lassen? Die Ratlosigkeit und Ohnmacht angesichts des Grauens stand in krassem Gegensatz zur bunten amerikanischen Entertainmentkultur – diese Dichotomie darf bei einer Rückbesinnung auf ihre kritischen Auseinandersetzungen nicht unberücksichtigt bleiben. Ihnen war aber klar, dass im kulturindustriellen Kitsch nichts mehr wirklich künstlerisch gewollt war. Keine Spannung zwischen den Elementen, zwischen Inhalt und Form, kein Thema, kein Kontrapunkt, keine Brechung mit einer Struktur, kein virtuoses kompositorisches Moment charakterisiert die Inhalte: »Ihre vorweg garantierte Harmonie verhöhnt die errungene des großen bürgerlichen Kunstwerks.«[113] Sie ventilierten in diesem Zusammenhang Gedanken zu den ersten standardisierten Paradigmen der Medienindustrie. Sie sprechen von den

»Typen von Schlagern, Stars, Seifenopern«, den »gefrorenen Formtypen« und »starren Invarianten«, von »fertigen Clichés«. Auswahl und Freiheit, Zugehörigkeit und Nähe, Neuheit und Exklusivität sind nur vorgetäuschte Charakteristika, die den Rezipienten am Medium halten sollen. »Für alle ist etwas vorgesehen, damit keiner ausweichen kann, die Unterschiede werden eingeschliffen und propagiert«[114].

Unterschiede existieren aber lediglich an der Oberfläche. Auch das unablässige Pochen auf Fortschritt ändert nichts am eigentlichen Geist, welcher der Kulturindustrie immer und an jedem Ort gleichermaßen implizit ist: dem der Profitmaximierung.[115] Aber gerade in der kontinuierlich und vehement arbeitenden Produktion der »aufgedunsene(n) Vergnügungsapparatur« kippt die amüsierte Stimmung der medial berieselten Bevölkerung in ihr Gegenteil, »die Qualität des organisierten Amusements« schlägt um »in die Qualität der organisierten Grausamkeit«[116]. Dabei setzen sich ihre Widersprüche in ihre Inhalte fort. »Kulturindustrie ist pornographisch und prüde«, sie ist dabei gnadenlos reduktionistisch am Werk: »Sie reduziert Liebe auf romance« und die »Serienproduktion des Sexuellen leistet automatisch seine Verdrängung.«[117] Verdrängt wird aber vor allem der Zustand medialer und inhaltlicher Bevormundung. Es ist eine Art Paternalismus, der unter der Oberfläche gehalten wird. Das amüsierte Lachen ist ein doppeldeutiges: Es signalisiert die Unbekümmertheit des Konformisten und gleichzeitig die verdrängte Verzweiflung des Unterlegenen. Prinzipiell heißt Vergnügtsein »Einverstanden-sein«[118]. Es deutet aber auch auf eine unnachgiebige Forderung der Herrschenden hin, nämlich die, sich in das Korsett der Massenmedien zu fügen. »Fun ist ein Stahlbad. Die Vergnügungsindustrie verordnet es unablässig. Lachen in ihr wird zum Instrument des Betrugs am Glück.«[119] Die ans Stanzwerk der Maschine erinnernde stakkatoartige Redundanz der Stereotype macht die Kulturindustrie ganz konkret zum industriellen Betrieb. Man kann die Wiederholung des Immergleichen als die perfide Methode der Kulturindustrie festmachen. »Die Flut präziser Information und gestriegelten Amusements witzigt und verdummt die Menschen zugleich.«[120] So fristet der Einzelne sein Leben in unreflektiertem Einverstandensein mit einem Zustand, den er als alternativlos begreift. Innerhalb dieses als alternativlos empfundenen Settings der Medien beschränkt sich die Auswahl auf die Alternativen »Warner Brothers und Metro Goldwyn Mayer«, Nähe verwirklicht sich ausschließlich in der medial aufgearbeiteten Nähe zum »Star«, Exklusivität degeneriert zu »rein technischem Kennertum« und einer infantilen Vorliebe für »Gadgets«. Inhaltlich Neues wird kategorisch vernachlässigt. Was nicht in die Kategorien der Kulturindustrie passt, wird entweder passend gemacht oder eben ignoriert. Dies sei ein Hauptcharakteristikum der »massenkulturellen Phase«, die im Gegensatz zur »spätliberalen« keine wirkliche geistige Innovation mehr kennt. »Die Maschine rotiert auf der gleichen Stelle«[121] und die konsumierende Masse rotiert auf gleicher Stelle mit. »Die Teilnahme der Millionen erzwinge Reproduktionsverfahren, die es wiederum unabwendbar machten, dass an zahllosen Stellen gleiche Bedürfnisse mit Standardgütern beliefert werden«.

Die Standardgüter von heute werden von einer ungleich größeren Masse rezipiert. Ein Blick in ein beliebiges Profil eines beliebigen Social-Media-Anbieters genügt, um sich der digitalen Monokultur zu vergewissern: Das identische Programm wird auf identische Art und Weise verwendet. Mit den zur Verfügung gestellten bunten Bausätzen der Anbieter gehen automatisch dieselben Nutzungsweisen einher, die im besten Fall gefühlsbetont und spontan (also ohne lästige gedankliche Reflexionsleistung) vonstattengehen. Schon früher zielten die Inhalte und Formate des Fernsehens und des Radios nur selten auf gedankliche Reflexion ab (»Individuum wird es erst als Denkendes«), sondern direkt auf die Gefühlswelt. Die fast hypnotische Wirkung der sauberen Benutzeroberflächen, die angenehme Glätte des Touchscreens, die gefälligen Töne beim Klicken der Symbole, die Programme selbst, gespickt mit traumartig animierten Videosequenzen: Nicht die ratio, die kritische Distanz zum Gerät ist der Adressat der Inhalte, sondern die Emotionen, das Unbewusste. Gerade die distanzminimierenden Elemente, der »intuitive Gebrauch«, gelten als besonderes Zeichen von Qualität. Auch hier sind die Menschen scheinbar alle gleich. Jeder wendet gleich intuitiv die Geräte an. Nicht nur die Inhalte – also der über Spotify gestreamte romantische Popsong oder das geschmeidig animierte Game via Steam – laden die Anwender emotional auf, sondern auch die Apparatur selbst. Sie fühlt sich gut an, sieht gut aus. Sie liegt gut in der Hand, sauber und glatt. Sie funktioniert immer einwandfrei. Der Mensch hingegen erscheint vor dem digitalen Alleskönner wie ein tölpelhafter Saurier, wie ein veraltetes und makelbehaftetes Wesen aus einer anderen Zeit. Auf mehreren Ebenen wird dieses archaische Geschöpf in seiner kreatürlichen Befangenheit emotionalisiert: zum einen bei der intuitiven Nutzung selbst und zum anderen über die hoch emotionalisierten Inhalte, die zu jeder Tages- und Nachtzeit konsumiert werden. Wie von Geisterhand nivellieren sich dort Unterschiede, nicht nur im konkreten Miteinander via Instagram.

Wir bleiben bei Adorno und Horkheimer: »Der Fetischcharakter der Ware ergreift« bereits bei Adorno »die Menschen selber. Sie werden sich zu Fetischen.«[122] Der Modus der Reklame ist nicht mehr nur »Stil der Kulturindustrie« und äußerlich allumfassend, sondern darf heute als tief im kollektiven Unbewussten verankert gelten. Die reklameartige Perfektion ist eine Zielgröße, nach der die Massen ihr Leben ausrichten. Die Nähe zum digitalen Profil hat zudem eine intensive, bisweilen stresserzeugende Wechselwirkung mit dem »realen« Leben. Denn »jeder Lebensbereich« – so die Ideologie der Selbstoptimierung – »lässt sich perfektionieren«[123]. Und diese Perfektionsbemühungen werden medientechnisch flankiert. »Selbstoptimierer beobachten, messen, disziplinieren – und verbessern sich«[124]. Die »Quantified-self«-Bewegung erlebt hier ihre Verschmelzung mit der Ausrichtung des Lebens nach werbeclipartiger Aufarbeitung. Zudem spielen einer Zukunftsforscherin zufolge die heute beständig drohenden prekären Verhältnisse im Arbeitsleben eine wichtige Rolle. »Leistungsdruck und eine ungewisse Zukunft fördern das Bemühen eines optimierten Ichs: Wir sehen uns in einem permanenten Wettbewerb auf allen Lebens- und Liebesmärkten. Und dieser Wettbewerb hat durch die technologische Entwicklung und die Möglichkeiten, sich permanent zu vernetzen, zu bewerten, zu vergleichen noch an Dynamik zugenommen«.

Die Netzwerkökonomie feuert diese Entwicklung an: »Je schneller, einfacher, leistungsfähiger, smarter und preisgünstiger Sensor- und Netzwerktechnologie wird, umso professionalisierter wird die Selbstoptimierung vorangetrieben.«[125] Die heutigen Auswüchse der Selbstoptimierungsbewegung können als internalisiertes und bis zum Äußersten getriebenes Prinzip der Reklame – im Sinne Adornos – gedeutet werden. Er sah über alle Kanäle der Kulturindustrie die Ideologie der Anpassung an die grellen kapitalistischen Prinzipien am Werk. Es ging ihm aber nicht primär um die Kritik an den Technologien selbst als vielmehr »um den Geist« bzw. Ungeist, »der ihnen«, den Rezipienten der Unterhaltungssendungen, »eingeblasen wird«[126]. Adorno formulierte hierzu eine Art kategorischen Imperativ der Kulturindustrie: »Du sollst dich fügen, ohne Angabe worein; fügen in das, was ohnehin ist, und das, was, als Reflex auf dessen Macht und Allgegenwart, alle ohnehin denken.«[127] Die Fügsamkeit der Social-Media-Anwender dieser Tage kennt – so scheint es – keine Grenzen mehr. Denn mit der vermeintlich freien Nutzung festigen sich die Gesetze des genutzten Programms und mit ihnen kommt das »fügsame« Verhalten der vielen Anwender ganz unmerklich zum Tragen. Es ist die Fügung in die neue Normalität des Sichverkaufens, des Sichanpreisens, des Reputationsmanagements, des Schmeichelns. Denn »der oberste Grundsatz einer nutzerorientierten Plattform im Silicon Valley ist, dem Nutzer zu schmeicheln, soviel es irgend geht.« IT-Pionier Jaron Lanier spricht von einem perfiden Spiel mit der Eitelkeit der User. »Wir verschaffen dem Nutzer die Illusion, dass er viel beliebter ist, als er in Wirklichkeit dasteht. Das nimmt zuweilen erpresserische Züge an. Die Menschen bekommen es mit der Angst, ihre Beliebtheit zu verlieren, wenn sie sich nicht den Regeln unterwerfen, die in den Netzwerken gelten.«[128] Das gegenseitige Streicheln der

Eitelkeiten führt zu eigenen Gesetzmäßigkeiten, die als sogenannte »Like-Kartelle« in die junge Geschichte der Facebook-Programme eingegangen sind. Zudem ist diesen Programmen die Festigung eines Aufmerksamkeitskapitalismus (der, der viel hat, dem wird noch mehr gegeben) implizit.

PSYCHOTECHNIK

Im zweiten Exkurs zur »Dialektik der Aufklärung« analysieren Adorno und Horkheimer die Problematik der Moralbegründung unter dem Vorzeichen der Herrschaft einer gesellschaftlichen Vernunft, die sich als kalkulierende Selbsterhaltung und Zweckmäßigkeit inhaltlicher Ziele entledigt hat. De Sade und Nietzsche erscheinen hier als die »dunklen Schriftsteller des Bürgertums« und setzen Kontrapunkte zu den »naiven Autoren« der Aufklärung. Ohne Sentimentalitäten decken sie auf, was viele nur ängstlich verdrängten. Sie versuchen dabei nicht, etwas künstlich aufrecht zu erhalten, das im Keim bereits seine Zersetzung in sich trägt. Die in der Regression der Aufklärung sich ereignende Verquickung von »Vernunft und Untat, von bürgerlicher Gesellschaft und Herrschaft«[129] stellen sie »mitleidlos« zur Disposition. Sie sind in Anbetracht dessen die kryptischen Futurologen ihrer Zeit. Das düstere Element ihrer Schriften, zu ihrer Zeit als übertrieben radikal wahrgenommen, wird rückblickend, in Zeiten des Faschismus, gänzlich unübertrieben wahr. In ihrer Perversion klang letztlich eine Art mündige Kunst an, die das Brutale, das Unmenschliche der Aufklärung darzustellen versucht. Sie waren – wie Schönberg es in der Musik war – diejenigen, die das Morbide einer allzu instrumentell-zweckgerichteten Gesellschaft zu erkennen und vermitteln vermochten. Sie setzten so ästhetisch um, was das »Material« ihnen ungeschönt vorgab. Der »sedimentierte Geist« ist kein harmonischer, stringenter, in sich stimmiger mehr. Die gesellschaftliche Vernunft ist bereits zu ihrer Zeit eine absurde und gibt somit Dissonanz und Inkohärenz vor. Das Fragmentarische bei Nietzsche, das Perverse bei de Sade, womit beide auf ihre Weise das Unharmonische, Disparate selbst zum Thema machen, liegen darin richtig, naive, auf Harmonie bedachte Protagonisten den schlimmsten erdenklichen Schicksalen auszusetzen. In ihnen zeigte sich wie durch ein Brennglas eine gesellschaftliche Wahrheit, die – wir erinnern uns – einen guten Anfang genommen hatte: Odysseus, der »als Urbild des bürgerlichen Individuums«[130] für das autonome Subjekt stand, dessen Selbsterhaltung mit Unterwerfung der eigenen inneren Natur und Triebverzicht erkauft ist. Er ist der Protagonist, der durch die ihn antreibende »instrumentelle Vernunft« dem Mythos entkommt. Das selbstquälerische Element dieser Vernunft wird bei Adorno und Horkheimer als notwendige Disziplinierungsmaßnahme angesehen, um den Verlockungen und Anfeindungen der Außenwelt standzuhalten.

»Furchtbares hat die Menschheit sich antun müssen, bis das Selbst, der identische, zweckgerichtete, männliche Charakter des Menschen geschaffen war«[131]. Odysseus wird so zum Prototypen der zweckgerichteten ratio. Mit ihr hält er den Sirenen stand, lässt Charybdis und Skylla hinter sich, besiegt den einäugigen Polypen. Das kämpferische und zielstrebige Moment bei Odysseus ist aber auch gleichzeitig eine Verkürzung von Vernunft auf Selbstbehauptung, die ihren Preis hat: Sie wird zum Selbstläufer, zum Zwang. Aufgrund dieses Zwanges verliert der Mensch seinen gesunden Bezug zu sich selbst. Er tritt nicht mehr in die essentiellen psychischen Bewältigungsprozesse ein, die für eine Entwicklung hin zur Reife und aufgeklärten Vernunft notwendig sind. Der Weg zur Mündigkeit wird von den instrumentellen Absichten jedoch verstellt. Und da kommen die Medien ins Spiel. Sie lenken den Einzelnen zusätzlich ab. Das Aufdecken verdrängter Triebregungen wird so vom Einzelnen überhaupt nicht mehr bewerkstelligt, es wird in die Angebote der Kulturindustrie ausgelagert. Der Mensch ist insofern entmenschlicht, als ihm die ursprüngliche Tragik der Selbstwerdung nicht mehr als individuelle Herausforderungen obliegt – sie ist vergesellschaftet, mediatisiert. »Der Druck, unter dem die Menschen leben, ist derart angewachsen, dass sie ihn nicht ertrügen, wenn ihnen nicht die prekären Leistungen der Anpassung, die sie einmal vollbracht haben, immer wieder aufs Neue vorgemacht und in ihnen selber wiederholt würden. Freud hat gelehrt, dass die Verdrängung der Triebregungen nie ganz und nie für die Dauer gelingt, und dass daher die unbewusste psychische Energie des Individuums unermüdlich dafür vergeudet wird, das, was nicht ins Bewusstsein gelangen darf, weiter im Unbewussten zu halten. Diese Sisyphusarbeit der individuellen Triebökonomie scheint heute ›sozialisiert‹, von den Institutionen der Kulturindustrie in eigene Regie genommen«[132]. Adorno diagnostiziert demnach folgende gesamtgesellschaftliche Krankheit: Das spannungsvolle und kräftezehrende Streben nach Individualität, der lange und mitunter gefährliche Weg zur eigenen Persönlichkeit wird dem Menschen nicht mehr zugemutet. Er wird ihm via Kanäle der Kulturindustrie schlichtweg aus dem Blickfeld genommen und ihm wird eine heile Welt vorgegaukelt.

Der »postmoderne« Odysseus macht sich nicht mehr auf den Weg, er fühlt sich zum Aufbruch nicht mehr gezwungen. Er ist im medialen Gefüge der digitalen Kulturindustrie nicht mehr nur gefangen, sondern er wohnt ihr nur noch ko-substantiell bei. Der Mensch wird im umfassenden technischen Weltbezug der Digitalära ganz automatisch zum Konsumenten des Vorhandenen, zum Konsumenten des medial zur Verfügung Gestellten. Individualität speist sich, in einer Welt, die auf hermetische Weise technisch geworden ist, aus der zwanghaften Übernahme genormter Medieninhalte als Basis der eigenen Identitätsartikulation. Die wertvolle Reifezeit hin zu realen Alleinstellungsmerkmalen degeneriert im Zeitalter der »Medienkompetenz« zu fortschrittlicher Versiertheit bei der Maschinenbedienung. Das ausgehöhlte Konzept heutiger Individualität selbst wird zum Faktor sogenannter digitaler Identitätsarbeit. Nicht mehr vom Individuum ist dabei die Rede, sondern bezeichnenderweise vom Anwender. Wie sehr der Begriff Anwender indes auf ein höchst unindividuelles Reagieren verweist und wie wenig die digitale Individualisierung noch mit wirklich individuellem Agieren zu tun hat, muss bei der Annäherung an eine zeitgemäße Aufarbeitung des Kulturindustriebegriffs betont werden.

Adorno sah im verspielten »Gadgeteering« sowie in der »Do-it-yourself«-Bewegung seiner Zeit die Kompensationsleistungen der entindividualisierenden Tendenzen der Kulturindustrie. Sie sind die vorläufigen Höhepunkte einer zur Lebensart gewordenen inhaltsleeren »Pseudo-Aktivität«. Sie waren der unablässigen medialen Einhämmerung der gleichen Verhaltensschemata geschuldet und bereits zu einer Zeit lange vor dem intuitiven Gebrauch des Smartphones das Resultat einer »jegliche Vernunft überschreitenden, über alle Lebensbereiche sich ausdehnenden affektiven Besetzung der Technik«[133]. Heute wie damals eint Gadgeteers die Faszination für technische Spielereien aller Art. Dabei fällt das oberflächliche, leicht ablenkbare Interesse an alltäglichen Kniffligkeiten und technischen Rätseln gegenwärtig mit dem allzeit verfügbaren Google-Algorithmus zusammen. Es ist zu einer Lebensart geworden, sich mit dem Smartphone in der Hand an alle Probleme heranzuwagen, die sich lebenspraktisch stellen. Waren es damals noch die stets willkommene elektrische Störung im Haus oder die Schraubenlockerung im Wagen, so sind es heute das obligatorische Neuformatieren der Festplatte, der Virenschutz, der endlose Imperativ des Upgrades, die eine nach wie vor hoch virulente Heimwerkerkultur anreichern. Die Ideologie einer neuen Biedermeier-Kultur ließe sich hier kritisieren, in der jeder sich mit seinem vernetzten Gerät und seinen Baumarktartikeln im Eigenheim beschäftigt. Exemplarisch hierfür gilt seit Jahrzehnten das Ikea-Prinzip der vorfabrizierten Werkteile und Gebrauchsanweisungen. Heute wie damals sind es die kleinen, verzwickten handwerklichen Herausforderungen, die in jüngster Zeit gemäß der Ideologie des Internet-Solutionismus[134] bestenfalls online recherchiert werden müssen. Es ist im Vergleich zu früher jedoch die tatsächlich stattfindende pausenlose Belieferung mit fertigen Produkten, die den Einzelnen pseudo-aktiv an der DIY-App, am Social-Media-Profil oder auch am Ikea-Bausatz zurücklassen. Gerade hinsichtlich der Gehaltlosigkeit des heutigen App-Gadgeteers ließe sich die Medientheorie McLuhans ganz im Sinne Adornos zynisch deuten: Das Medium ist hier wirklich die einzige leere Botschaft.[135] Gerade das vermeintlich freie und individuelle Hantieren mit vorgegebenen Profilbaukästen und Kommunikationsbausteinen entspricht gegenwärtig noch viel mehr der Tendenz der Kulturindustrie, »das Bewusstsein des Publikums von allen Seiten zu umstellen und einzufangen«[136]. Individualität wird in dieser lückenlosen, ja hermetischen Umstellung des Bewusstseins des Einzelnen erst heute wirklich zu der Pseudoindividualität, von der Adorno vor gut sechzig Jahren sprach. Die bescheidet sich gegenwärtig mit oberflächlicher Verschiedenheit bei der Wahl des Fotos und der exaltierten Sprachnachricht auf WhatsApp. Hier wird immer deutlicher, dass die »Individuen gar keine mehr sind, sondern bloße Verkehrsknotenpunkte der Tendenzen des Allgemeinen«[137]. Wie kaum an einem anderen Begriff lässt sich der sogenannte freudomarxistische resp. sozialpsychologische Ansatz im Denken Adornos und Horkheimers verdeutlichen: Pseudoindividualität geht auf kein Verschulden des Einzelnen zurück. Es ist ein von der an Marktmechanismen orientierten Gesellschaft determiniertes Geschehen.

Es sind, der »Dialektik der Aufklärung« entsprechend, die neuen religiösen Handlungen des kulturindustriellen Zeitalters. Der neue Klerus dieser Epoche besteht aus den CEOs der großen Tech-Anbieter. Und in der Tat entwickelten sich über die letzten Jahrzehnte Machtkontinuen, von denen die Päpste im Mittelalter nur träumen konnten. »Facebook wird [...] von einer einzigen Person kontrolliert«. Jaron Lanier beschreibt die »extrem außergewöhnliche Konzentration von Macht«, die scheinbar bereitwillig von der »Anwendercommunity« nicht nur gebilligt, sondern goutiert wird. Dies sei schon bizarr genug, insbesondere dann, wenn es plötzlich im Trend liegt, »sein Leben von einer weit entfernten Firma im Silicon Valley steuern zu lassen. [...] Es ist eine sehr merkwürdige Situation, und es wird einstmals von Historikern beschrieben werden als ein besonders bizarrer Moment in der Menschheitsgeschichte«. Und der Bizarrheit nicht genug: »Irgendwann wird der Gründer sterben. Und was dann kommt, wissen wir nicht, und wir können es auch nicht kontrollieren.« Evgeny Morozov zufolge führt der Mensch im gegenwärtigen Mediensetting ein Leben inmitten des von ihm postulierten Dreigespanns, bestehend aus »Sensoren, Filtern und Profilen«[138]. Neben den neuen Möglichkeiten der Informationsbeschaffung und der Kommunikation wird der Einzelne auch digital determiniert, und zwar in dem Maße, wie die Bestandteile seiner technischen Umwelt programmiert sind. Ihm kommt der Lebensmodus der Überwachung (über Sensoren) und der Datenspeicherung (in Form von Profilen) zu. Die Filter, allen voran der Google-Algorithmus, stellen zwar die Möglichkeit bereit, auf schnelle und reichhaltige Suchergebnisse zugreifen zu können, geben aber gleichzeitig auch eine hierarchisierte Auswahl vor, die den Einzelnen wiederum limitiert. Inmitten seiner sich immer weiter ausdifferenzierenden technisierten Umgebungen gleicht der Mensch sich über die Algorithmisierung durch die digitalen Dienstleister immer weiter einer Art nivelliertem Bewusstsein nach Adorno und Horkheimer an. Der Bereitstellung von Benutzeroberflächen, den Suchmaschinen, den sozialen Portalen, der sukzessiven Infiltration des Lebens über »Sensoren, Filter und Profile« steht der Einzelne wie einer neuen Architektur eines digitalen Tempels gegenüber, der ihn umgibt und einschließt. Der Mensch internalisiert die Prinzipien der Programmierer und wird immer mehr zum dem Algorithmus zuarbeitenden Wesen. Und erst hier – so ließe sich ein Zitat aus Adornos *Minima Moralia* in die Gegenwart übertragen – »wird das Privatleben Ungezählter zu dem von Agenten und Vermittlern, ja der Bereich des Privaten insgesamt wird verschlungen von einer rätselhaften Geschäftigkeit, die alle Züge der kommerziellen trägt, ohne dass es eigentlich etwas zu handeln gibt.«[139] Der Glaube an die bunt bewegten Spielereien, die sich auf den Bildschirmen bieten, sind ein Teil des digitalen Mythos unserer Zeit. Die Apparate kommen sanft, intuitiv bedienbar und geschmeidig daher. So wird erst heute – mit dem Smartphone in der Hand – Technik zur »Psychotechnik« und gleichzeitig zum »Verfahren der Menschenbehandlung. Hier wie dort gelten die Normen des Auffälligen und doch Vertrauten, des Leichten und doch Einprägsamen, des Versierten und doch Simplen; um die Überwältigung des als zerstreut oder widerstrebend vorgestellten Kunden ist es zu tun.«[140]

01010101010101010

ALETHAIA

Es wird Abend. Wir befinden uns weit weg vom Lichterlärm der Großstadt, ohne Handy. Wir stehen auf freiem Feld und beobachten den Himmel. Die Farben- und Schattenspiele in Wolkenformationen weit im Horizont des Abendhimmels sind nicht nur surreale kurzweilige Erlebnisse, sondern gehen tiefer. Es scheint, als ob der Blick in die Ferne uns näher zu uns selbst führt. Er zieht uns auf sonderbare Weise in den Gravitationsradius einer Wahrheit, die sich nicht beschreiben lässt. Die Wahrheit ist unbeschreiblich und dennoch »unverzichtbar«. Luigi Pareyson kommentiert das widersprüchliche Substrat der Wahrheit folgendermaßen: »Auf der einen Seite ist sie nicht Objekt, sondern Ursprung des Denkens, nicht Ergebnis, sondern Prinzip der Vernunft, nicht Inhalt, sondern Quelle der Inhalte. Auf der anderen Seite zeigt sich die Wahrheit nur innerhalb einer geschichtlichen und persönlichen Interpretation, die sie bereits auf eine bestimmte Weise formuliert und mit der sie jeweils zusammenfällt, ohne sich dabei zu erschöpfen oder sich auf diese zu reduzieren.«[141] Gemeinhin lässt sich bei der Wahrheit, wie bei kaum einem anderen Begriff die folgende paradoxale Bedeutung ausmachen: »Es gibt keine Wahrheit, aber wir brauchen sie«[142]. Das Zitat des nüchternen Medientheoretikers und Konstruktivisten Siegfried J. Schmidt steht paradigmatisch für die metaphysische Orientierungslosigkeit unserer Tage. Wir erinnern uns an die weiter oben angeführten Passagen zu Nietzsches tollen Menschen. Wir fallen unentwegt. Schmidt warnt dringend vor der Wahrheit und sagt, dass sie sich nur in unseren Köpfen abspiele. Gleichzeitig ist der radikale Relativismus, den die Wahrheitsfreiheit bedingt, ebenso gefährlich. Im Taumel der Postfaktizität, im Furor der digitalen Kulturindustrie, inmitten der technischen Weltzugänge sind wir auf feststehende Wahrheiten womöglich angewiesener denn je.

Wahrheit. Was bedeutet Wahrheit eigentlich? Der Name der griechischen Göttin der Wahrheit Alethaia ist herleitbar aus *a* (alpha privativum = nicht) und *lethos/lethe* (zu *lanthano*, verborgen sein). Parmenides spricht noch vom unerschütterlichen Herz der Alethaia. Sie entbirgt das wahre Wesen der Dinge und steht im Gegensatz zu den schlichten Meinungen der Sterblichen, der *doxa*.[143] Nach dieser Herleitung heißt Alethaia Unverborgenheit und lässt sich klar von einer Meinung unterscheiden. Sie steht für das Sich-Zeigende, das Sich-Nicht-Verbergende und deutet den Sinn dessen an, »was die Griechen als vorphilosophisches Verständnis dem terminologischen Gebrauch von aletheia ›selbstverständlich‹ zugrunde legten«.[144] Wahrheit bezog sich bei ihnen noch auf das unerklärliche Grundwesen der Welt. Demzufolge suchten sie nach dem einen Prinzip: dem Ursprung allen Seins, nach der sogenannten Arché. Anaximander, dessen einziges erhaltenes Schriftstück als der erste erhaltene griechische Text überhaupt gilt, sah im ominösen Ápeiron (ἄπειρον) dieses Prinzip wirken. Ápeiron steht sowohl für das Unbegrenzte als auch für das Unerfahrbare. Es ist »Anfang und Ende der seienden Dinge«. und »das Werden, in das hinein geschieht auch ihr Vergehehen«[145]. Das unfassbare Ápeiron ist wie ein Katalysator für Entstehungs- und Auflösungsprozesse zu verstehen, der – wie der poetisch anmutende Satz Anaximanders erahnen lässt – immer wieder von Neuem, unaufhörlich den Prozess des Werdens und Vergehens ineinander übergehen lässt. Er spricht nicht zuletzt aufgrund seiner für damalige Verhältnisse erstaunlichen astronomischen Kenntnisse von einem kontinuierlichen und ausgeglichenen Prozess des Kosmos, der zwar stabil, aber gleichzeitig der beständigen Veränderung ausgesetzt ist. Alles fließt – panta rhei: die berühmte Rede Heraklits vom Fluss, in den man nie zweimal steigen könne, steht der Annahme der beständigen Veränderung nahe. Auch Heraklit fragte nach dem einen Urstoff. Was ist der Ursprung von allem? Und was trägt diesen Ursprung als Prinzip weiter? Nicht das geheimnisvolle Ápeiron ist es bei ihm und auch nicht das Wasser wie etwa bei Thales oder die Luft bei Anaximenes. Heraklit erkennt das Feuer als sogenannten Urstoff. Er nennt es das Urfeuer, das ewig kosmische Feuer, das hinter den Grenzen des Kosmos brennt. Die Sterne waren für ihn Löcher im Firmament, durch die das gewaltige Urfeuer hindurch schimmerte. Das geistige Feuer, der Logos bildet die Grundenergie, die Heraklit als unumstößliche Wahrheit verstand. Während das materielle Feuer die Dinge in Bewegung hält, so tut dies der Logos in der Sphäre des Geistes. Das Universum ist somit auf beiden Ebenen – der materiellen und der geistigen – von Vernunft durchdrungen. Der brennende Logos bei Heraklit und das Ápeiron bei Anaximander stehen exemplarisch für die tiefe Überzeugung von einem Prinzip der Wahrheit, das dem Sein zugrunde liegt.

Wir kommen zurück zur Göttin der Wahrheit. Heidegger erkennt im Urstoff-Prinzip der Vorsokratiker ein Wahrheitsverständnis, das sich über die Jahrhunderte gewandelt hat. Die Zäsur im Verständnis des Begriffs führt er auf Platons und Aristoteles' Bruch mit vorsokratischen Philosophien zurück. Beide fassten Wahrheit erstmals als ein Konstrukt auf, das nicht mehr dem Prinzip eines Urstoffes, einer unendlichen und grundlegenden Wahrheit verpflichtet war, als vielmehr einer rationalisierenden diskursiven Logik. Sie bezeichneten die Wahrheit »als Richtigkeit des aussagenden Vorstellens«[146]. Das war für ihre Zeit im Übrigen sehr mutig und unwahrscheinlich progressiv. Denn man muss sich das so vorstellen, dass in einer Zeit, in der die meisten an das Wahrheitsmonopol der Orakelstätten glaubten, plötzlich jemand erschien, der die Sache mit der Wahrheit einfach umdeutete. Von da an entfaltete sich die Wahrheit – so Heidegger – nicht mehr »aus eigener Wesensfülle«[147], sondern war vielmehr Zentrum eines logischen Weltbildes, indem sie gleichbedeutend wurde mit der »richtigen Aussage«, dem richtigen Sehen. Noch einmal: Was zur Zeit Platons innovativ war, da sich die voralphabetisierte Stammeskultur des alten Griechenlands an den Richtlinien orakulöser Weissagungen orientierte und die Verbreitung der Schrift, an der Platon maßgeblich beteiligt war, einen bis dahin unbekannten Aufklärungsschub initiierte, wird später – nach Ansicht Heideggers – zum Verhängnis. Seine Kritik an der platonisch-aristotelischen Auffassung der Wahrheit als schnöde Aussagewahrheit geht also im weitesten Sinne zurück auf die Medienrevolution der Schrift und im Besonderen auf die platonisch-aristotelische Überführung der Alethaia in die festen Strukturen der diskursiven Logik. Die Wahrheit als schlichte Richtigkeit der Aussage verliert hier – nach Heideggers Ansicht – Tiefe und »Wesensfülle«. Sie suggeriert zudem eine gedankliche Zugänglichkeit, Nutzbarmachung, die Möglichkeit aktiver Vereinnahmung. Wohingegen die alte unspezifische Alethaia Konzeption der Vorplatoniker explizit nicht wesentliche Eigenschaft »des menschlichen Erkennens und Aussagens«[148] war. Sie war vielmehr für die Menschen »entdeckbar«, als eine Art passiv-aktiver Weltbezug. Hier eröffnet sich das Seiende und veräußert sich gewissermaßen in einer Art »einbeziehenden Unverborgenheit«. Heidegger spricht in diesem Zusammenhang von der Wahrheit als Offenheit und »Lichtung«[149], vom unverborgen Anwesenden, das auf den Menschen zukommt. Wahrheit ist also etwas, das nicht vom Menschen intendiert oder etwa rationalen Argumenten folgend begriffen werden könnte. Der Mensch kann ihr teilhaftig werden, indem er ihr unlogisches Substrat akzeptiert, das als hintergründig-widersprüchliches »Spiel des Aufgehens im Sichverbergen«[150] existiert. Es ist, als ob Heidegger einer Art Lyrik der vorplatonischen Alethaia verfällt, in der sich die Wahrheit »als das sich verbergende Entbergen«[151] prozesshaft verwirklicht, als »lichtend-bergende Versammlung«, als »Lichtung des Seins«.

Wie lässt sich Heideggers poetisch-ambivalente Situation der Wahrheit verstehen? Es geht um einen zuständlichen und doch richtungslosen Sinn für die sogenannte »Wahrnis des Seins« und letztlich darum zu erkennen, dass das »Anwesen des Anwesenden in sich schon die Wahrheit ist«[152]. Wahrheit stellt sich also im passiven, aber konzentrierten Vollzug des von sich aus Zeigenden ein, als »Entdecktheit des innerweltlich Seienden«[153]. Es ist hier ganz offensichtlich so, wie Kant es in seiner *Allgemeinen Naturgeschichte und Theorie des Himmels* mit den unausgewickelten Begriffen, »die sich wohl empfinden, aber nicht beschreiben lassen«, andeutete. Heidegger versucht sich im Auswickeln des Wahrheitsbegriffs, den er empfinden, aber nur annähernd beschreiben, nur schemenhaft denken kann. Genau hier eröffnet sich die im Folgenden besprochene Sprachkritik, die das grundlegende Verhängnis von Sprache thematisiert, in dem sie das Unbegriffliche begrifflich machen will. In Bezug auf Heideggers Wahrheitsanalyse lässt sich wie unter einem Brennglas dieses Verhängnis folgendermaßen darlegen: »Wenn das vor- und unbegriffliche Begegnenlassen von Seiendem ›wahrer‹ sein kann als die Aussage über das Seiende, dann deshalb, weil die Aussage auf einer Vergegenständlichung und begrifflichen Identifizierung des Seienden beruht, die das Seiende, so wie es ist, eben auch verfehlen kann.«[154] Die begriffliche Gleichsetzung von Wahrheit und Richtigkeit ist dann selbst schon Folge einer verfehlten Konkretisierung der Alethaia (als geheimnisvolle Unverborgenheit): erstens durch die begriffliche Identifizierung selbst und zweitens durch ihre Logifizierung. Wahrheit als Richtigkeit der Erkenntnis und Aussage wird gegenständlich und vereinnahmbar.

DAS MEER DER SPRACHE

Im Grunde liegt genau hier das eigentliche Problem: In dem Versuch, Wahrheit zu versprachlichen, liegt schon das Verhängnis selbst.[155] Selten macht man es sich bewusst: Sprache als unser primäres Medium wurde mal erfunden. Es müssen lächerliche Versuche gewesen sein. Vor der Höhle sitzend, in den Sternenhimmel blickend fing der Mensch der Vorzeit an, sich verbal auszutauschen. Vielleicht gab er auch auf der Jagd oder beim Beerensammeln die erste strukturierte Aneinanderreihung von Tönen von sich. Er erfand bestimmte Laute: für Mitmenschen, Gefühlslagen, Gegenstände, andere Lebewesen,

Wetterlagen, Gefahren, und er wurde mit jeder Weiterentwicklung seiner Laute zu Begriffen, seiner Begriffe zu Begriffsbündeln, seiner Begriffsbündel zu Grammatiken immer sprachlicher. Im Prozess der Sprachfindung entwickelte er seine mediale Konstitution der performativen Sprachlichkeit. Seine mediale Situation entwickelte sich von bloßen diffusen Lautäußerungen – wie es bei Tieren noch zu beobachten ist – zur geordneten Kommunikationsmodalität via Begriffe, die bis heute Bedeutungskompromisse darstellen. Mit den neuen Bezeichnungen wurde die Realität auf der einen Seite facettenreicher, da die verschiedenen Sichtweisen und Ideen der verschiedenen Teilnehmer der Spracherfindung zu neuen Begriffen führten, die kommunizierbar machten, was vorher schlichtweg nur für den einen existent war, aber für den anderen nicht. Mit der Sprache ging eine Vertiefung der Wirklichkeit einher.

Gleichzeitig – und hierauf läuft die bislang populärste Sprachkritik hinaus – ging mit dem Elaborat der Sprache die Vereinheitlichung von Sinnzusammenhängen und die damit zusammenhängende Reduktion von Komplexität einher. Denn mit der Erfindung eines Begriffs für einen Gegenstand wurde der in sich diverse Gegenstand sozusagen verbal normiert. Das Wort »Vogel« für alle gefiederten fliegenden Tiere mit Schnabel enthält eine Eingrenzung des unendlichen Artenreichtums auf die genannten gemeinsamen Eigenschaften. Der Begriff »Seele« als Gesamtheit aller Gefühlsregungen und geistigen Prozesse suggeriert die Möglichkeit, überhaupt vereinheitlichend etwas zu meinen, was vielleicht gar nicht unter ein Wort als Bedeutungskompromiss subsumierbar ist. Was, wenn »die Einheit des unter allgemeinen Begriffen Befassten« immer »grundverschieden von dem begrifflich bestimmten Besonderen« bleibt? Es ist sozusagen die Ursünde der Sprache, dem Besonderen mit der Bildung eines Begriffs eine Identität zu verleihen, die sich immer vom Bezeichneten selbst unterscheiden muss. Der zentrale Widerspruch der Sprache ist folgender: Sprache kann gar nicht das vermitteln, was sie zu vermitteln meint. Sie ist immer ein Schritt in die Verallgemeinerung und damit immer eine Reduktion von Komplexität. Sprache leistet also etwas, das innerhalb ihrer medialen – also sprachlichen – Grenze bleibt. Die identifizierende Bewegung der Sprache, die suggeriert, Gegenstände in ihrer Gänze umreißen zu können, ist in dieser Hinsicht nicht nur an sich fragwürdig. Sie ist trügerisch. Adornos Konzept des »Nichtidentischen« verweist genau darauf. Bei ihm hat exemplarisch »der allgemeine Begriff von Besonderheit [...] keine Macht über das Besondere, das er abstrahierend meint«[156]. Er bleibt in der Abstraktion stecken und weist sich als das Besondere selbst aus. In Bezug darauf spricht Adorno von der Zwangsjacke der Begriffe. Aufgabe der Philosophie sei es, diese Zwangsjacke zu erkennen und zu versuchen, sie zu öffnen. Dazu formuliert er eine Art Münchhausen-Dilemma der Sprache und benennt es als das Anliegen der Philosophie, Sprache am eigenen Zopf aus dem Sumpf des begrifflich identifizierenden Denkens herauszuziehen, oder wie er selbst einprägsam formuliert, »über den Begriff durch den Begriff hinauszugelangen«[157]. Dieses Paradoxon ist das sprachphilosophische Hauptmotiv seiner *Negativen Dialektik*. Es wird die Sisyphos-Aufgabe des Philosophen bleiben, den Widerspruch punktuell zu lösen, um dann immer wieder festzustellen, dass er dem Problem der begrifflichen Identität letztendlich nicht entkommen kann. »Die Utopie der Erkenntnis wäre, das Begriffslose mit Begriffen aufzutun, ohne es ihnen gleichzumachen«[158].

In diesem Kontext kommt die Sprache der Philosophie in nächste Nähe zum »Material« der Kunst. Sprache gerät in der Suche nach tiefer Erkenntnis in eine Art Schwebezustand. Das Material, mit dem der Sprechende, bzw. der Künstler, zu arbeiten hat, ist jedoch immer schon vom ursprünglichen Bedeutungskompromiss (der zurückgeht auf seine Herkunft am Lagerfeuer vor der Höhle) präformiert. Sprache ist so gesehen immer ein Hantieren mit höchst obsoletem medialem Werkzeug. Zudem macht sie zwar kommunizierbar, was vorher nicht aussprechbar war, sie lässt aber auch erkennen, dass mit ihr prinzipiell nicht alles aussprechbar ist. Sprache kann zum einen nie der Gesamtheit der Ereignisse und der Komplexität der Sachverhalte in der Umwelt gerecht werden. Sie kann zudem auch nicht alle Dimensionen des Denkens und Fühlens im Inneren der Menschen abbilden. Sie trägt in sich ihre eigene Begrenzung. Sie kann eben nur das, was sie ermöglicht: nämlich über Laute in zeitlicher Abfolge Bedeutung vermitteln.

Ludwig Wittgenstein widmete einen Großteil seiner Arbeit explizit den Grenzen von Sprache. Sein philosophisches Anliegen war, diese Grenzen mit sprachlichen Mitteln zu benennen, also im Medium selbst die Grenzen des Mediums abzustecken. Er formuliert den folgenden sprachkritischen Imperativ: »Was sich überhaupt sagen lässt, lässt sich klar sagen; und wovon man nicht reden kann, darüber muss man schweigen«. Hinter seinem Bestreben, dem Denken eine Grenze zu ziehen, »oder vielmehr – nicht dem Denken, sondern dem Ausdruck der Gedanken« eine Grenze zu ziehen, liegt die Erkenntnis, dass die Gedankenwelt der Menschen und mit ihr die Sprache eine Grenze haben muss. »Denn um dem Denken eine Grenze zu ziehen, müssten wir beide Seiten der dieser Grenze denken können (wir müssten also denken können, was sich nicht denken lässt). Die Grenze wird also nur in der Sprache gezogen werden können und was jenseits der Grenze liegt, wird einfach Unsinn sein«[159]. Auch bei ihm kann Sprache nicht alles abbilden. Wer es mit ihr versucht, wird ab einem bestimmten Punkt schlicht und ergreifend Unsinn von sich geben. Die Attraktivität von Wittgensteins Logik liegt zweifellos in ihrer vordergründigen Einfachheit. Das Denken hat seine Grenzen, die wir aber nicht denken können. Das macht ja gerade die Grenze aus. Über das Medium des Denkens lässt sich aber doch zumindest eine Grenze des Denkens formulieren.

Knapp zwei Jahrhunderte vor Wittgenstein kam Hegel bereits zu einem ähnlichen Schluss. Bei ihm ist es nicht der Unsinn, sondern der Widerspruch, der Sprache in seine Grenzen weist. Er nennt es die »Arbeit am Begriff« und verweist auf eine erstaunliche – der Sprache immanente – Widersprüchlichkeit. Er erläutert sie anhand des Begriffs »Anfang«, der auf folgenden Grundzustand verweist: »Es ist noch nichts und soll etwas werden«. Anfang bedeutet also nicht »Nichts«, denn aus dem reinen »Nichts« kann schlecht etwas werden. Gleichzeitig kann aber auch noch nicht etwas da sein, denn »wenn es schon da ist, muss es schon angefangen haben und der Anfang wäre vorbei«[160]. Der Begriff fängt also an zu arbeiten: »Der Anfang ist nicht das reine Nichts, sondern ein Nichts, von dem was ausgehen soll: Das Sein ist also schon im Anfang enthalten. Der Anfang enthält also beides: Sein und Nichts; ist die Einheit von Sein und Nichts, – oder ist Nichtsein, das zugleich Sein, und Sein, das zugleich Nichtsein ist«[161] Die Widersprüchlichkeit des »Anfangs« oszilliert zwischen den Begriffen Sein und Nichts. »Nehmen wir also das wirklich ›reine Sein‹ ohne alle weitere Bestimmung: ›In seiner unbestimmten Unmittelbarkeit ist es nur sich selbst gleich [...] Es ist die reine Unbestimmtheit und Leere‹. Wäre dieses Sein nämlich Sein von etwas, wäre es nicht mehr rein, sondern konkretisiert zu einem Gegenstand. Vom reinen Sein lässt sich nicht mehr sagen, als es ist. Mehr nicht. Das Sein selbst – wenn ich es bedenke und am Begriff des Seins arbeite – kippt also an einem bestimmten Punkt um in das Nichts: hinter diesem Sein verbirgt sich nichts, dahinter ist reine Leerheit, da gähnt der Abgrund des Nichts im Sein selbst auf: ›Das Sein, das unbestimmte Unmittelbare ist in der Tat Nichts und nicht mehr und weniger als Nichts‹«[162]. Hegel kommt mit seiner intensiven »Arbeit« am Begriff des Anfangs zu dem Schluss, dass das reine Sein und das reine Nichts dasselbe sind, da sie beide auf die totale Leere verweisen. Der Anfang bewegt sich zwischen diesen beiden Modi der Leere und trägt die Spannung zwischen Sein und Nichts in sich. Hegels Begriffsanalyse steht exemplarisch für die Tiefe der Ambivalenzen, die der Sprache inhärent sind. Seine präzise und beeindruckende Sprachanalyse zeigt auch die katalytische und synthetische Qualität von Sprache. Sie erzeugt erst den Sinn, den der Mensch durch sie kennenlernt. Sie hebt den Menschen auf eine höhere Stufe und macht ihn erst zu dem, was er ist. Sprache grenzt uns Menschen von den anderen Tieren ab.

Die auf den ersten Blick banale Szene einer sterbenden Katze, die das Zureden der sie umringenden Menschen nicht verstehen kann, nimmt Günther Anders zum Anlass, sich in sie hineinzuversetzen und aus ihrer Sicht die Menschen als Wesen zu beschreiben, die lediglich »sinn- und taktlos um sie herum Lärm erzeugten«[163]. In diesem Zusammenhang ist nun nicht so interessant, dass das Tier die menschliche Sprache nicht versteht, sondern vielmehr, dass es diese nicht als einen ihr fremden »Dialekt der Kommunikation« erkennen kann. Denn Sprache selbst sei »nur eine Mundart des Kommunizierens« und insofern »diejenige, in der nur wir Menschen uns untereinander verständigen, in der wir einander immerhin zu verstehen geben«, wir zumindest »versuchen, uns einander verständlich zu machen«[164]. Auch der vom »Afterjucken« gepeinigte Hund kann das ihm angetragene Mitleid nicht als solches erkennen. Es bleibt als ein dem Hund angetragener Versuch der Kontaktaufnahme »gegenstandlos«. Selbst der »tröstende Ton« bleibt ihm – in seinem Leid – äußerlich. Dies bleibe »ihm genauso verwehrt, wie etwas zu sagen. Also bleibt ihm nur zu jammern, und trotz seines unwiderstehlich flehenden Blicks kann er um nichts Bestimmtes bitten. Übersetzte man seine Blicke, die gewöhnlich ›haben!‹ meinen, so würden sie nur ›loswerden!‹ lauten«[165]. Die Unfähigkeit, sowohl etwas Empathisch-Sprachliches zu verstehen als auch selbst sprachlich etwas auszudrücken, erweitert sich um eine eingeschränkte Körpersprache bzw. Mimik. Zusammengenommen macht dies den Hund zu einem »in sein Leid Eingesperrten«, zu einer zu »robinsonhaftem Dasein« verurteilten Kreatur. »Was ihn quält, bleibt in ihm begraben«. Mit diesen Beobachtungen kommt Anders zu einem selten überschwänglichen Schluss für den Menschen. Er spricht von einem »Segen«, der dem Menschen durch die Sprache beschieden sei: »die Tatsache, dass wir, ein einziges Mal zum Leben zugelassen, ausgerechnet als Menschen in die Welt haben eintreten dürfen, also als Wesen, die die Göttergabe mitbekommen haben, zu sagen, was sie leiden«, sei »unverdientes Glück«. Doch auch mit der Sprache – wie später mit der Technik – verbindet den Menschen ein prometheisches Schicksal. Ihr »Segen« ist auch gleichzeitig ihr »Fluch«. Denn nur dasjenige kann er »denken, erkennen, wahrnehmen oder empfinden«, was sie ihm »vorgegeben hat«[166]. Der Mensch ist also wie der Hund und die Katze nur fähig, sich in seinen beschränkten sprachlichen Konditionen zu bewegen. Die Frage nach dem, was der Mensch ist und was Sprache ist, fällt bei Anders zusammen. Der Mensch ist nicht im sprichwörtlichen Sinne »das, was er isst«, sondern im wörtlichen Sinne das, was er spricht und schreibt.

Mit der Schrift entwickelte sich eine neue mediale Dimension des Menschen heraus. Hier war im antiken Griechenland Platon der erste, der die Herausforderung des Alphabets annahm und analog dazu einen neuen Menschentypus einforderte. Platon führte einen regelrechten Krieg gegen die Anführer der voralphabetischen Stammesgesellschaften. Die sogenannten »Poeten« waren die geistige Elite des noch nicht literalisierten Griechenlands. Sie ahnten die – für sie – verheerenden Effekte der Einführung des Alphabets und der Schrift. Wie die prähistorischen Gegner der primären Sprachentwicklung vor der Höhle sitzend sich sicherlich gewehrt haben müssen gegen die Versuche der Progressiven, die Struktur der Horde über die Entwicklung von Sprache zu verändern, so sahen sich die Poeten des oralen, barbarischen Griechenlands in der Defensive in Anbetracht der neuen Strukturen, die sich mit der Einführung des Alphabets entwickelten. »Platon war der erste philosophische Erzieher des neuen Griechenlands nach Auflösung der Stammesverbände. Er setzte klassifiziertes Wissen an die Stelle der oralen Stammeskultur. Klassifizieren ist eine hochgradig visuelle Form von Aktivität. Der Siegeszug des Alphabets [...] hatte also eine hochgradig visuelle Organisation der Lebenszusammenhänge zur Folge, die der oralen Organisation der Barbaren völlig unbekannt war«. Das meint McLuhan mit seinem berühmten Ausspruch »The medium is the message«. »Das Medium, zum Beispiel das Alphabet, erzeugt eine neue Welt, eine Ausweitung der Sinne und eine Umgestaltung der gesamten Wahrnehmung. Es erzeugt eine neue Konstellation von Verhaltensmustern, Repräsentationsformen und Stratcgien, die der eigenen Zeit nicht erklärbar sind«[167]. (Der Wahnsinn der Digitalisierung kann uns – nach McLuhan – also erstmal nicht plausibel werden.)

Unser primäres Medium selbst – die Sprache – war im Übrigen noch nie exklusives Medium von Plausibilität. Die ersten Sprachschöpfungen als Einigungen auf Bedeutung waren zweifellos begleitet von der Skepsis der Außenstehenden. Sie waren gleichzeitig Projektionsfläche für Anfeindungen aller Art. Die Sprachschöpfung der einen Gruppe wurde zum Lügenkonstrukt für die andere. Das Medium der Informationsweitergabe der einen war Medium der Desinformation für die anderen. Dabei spielte die Unschärfe der verbalen Artikulation selbst gleich zu Beginn der Sprachentwicklung eine zentrale Rolle. Sprache in ihren Kinderschuhen muss ein kläglicher Versuch der Kommunikation nach dem anderen gewesen sein. Und so wurde aus einem vielleicht nicht ganz ernst gemeinten Spiel eine Gewohnheit, dann eine Gepflogenheit, ein Brauch, ein Ritual bis hin zu einem Stil mit einer bestimmten Grammatik. »So ists mit den größten Dingen, sie waren elende Versuche, wurden Spiele, Handgriffe, Künste, regelmäßige Künste und spät genug eine Wissenschaft. So auch mit der Sprache: lies den großen Homer, den Inbegriff aller Sprache der Götter, und gehe auf den Ursprung dieser göttlichen Sprache zurück. Du wirst ihn in den Hüllen menschlicher Notdurft, in einer Wiege der Kindheit, in Windeln erblicken, deren du dich schämen müsstest.«[168] Herders Sprachkritik betont den improvisierten Anfang der Sprachkultur selbst. Er erkennt darin eine gewisse Beliebigkeit bei gleichzeitiger Allgemeingültigkeit. Die einstigen »Hüllen menschlicher Notdurft« wurden zu Formeln, nach denen gedacht wurde. Die Scham ist gewichen und übrig bleibt eine im Grunde völlig unzulängliche Sprache, die jedoch zum Fundament geworden war.

Auch Nietzsche erkannte in der Sprachentwicklung etwas eigentlich völlig Unlogisches. Man verallgemeinerte mit Sprache permanent gänzlich Ungleiches. »Logisch geht es also jedenfalls nicht bei der Entstehung der Sprache zu, und das ganze Material, worin und womit später der Mensch der Wahrheit, der Forscher, der Philosoph arbeitet und baut, stammt, wenn nicht aus Wolkenkuckucksheim, so doch jedenfalls nicht aus dem Wesen der Dinge. [...] Jedes Wort wird sofort dadurch

Begriff, daß es eben nicht für das einmalige ganz und gar individualisierte Urerlebnis, dem es sein Entstehen verdankt, etwa als Erinnerung dienen soll, sondern zugleich für zahllose, mehr oder weniger ähnliche, das heißt streng genommen niemals gleiche, also auf lauter ungleiche Fälle passen muß. Jeder Begriff entsteht durch Gleichsetzen des Nichtgleichen«[169]. Die Desinformation ist bei Nietzsche der Sprache – also der Kommunikation der Menschen – inhärent. Sprache ist wie später bei Adorno nur noch ein hohles Wortgebirge, das aus der Vergangenheit in die Gegenwart ragt. »Was ist also Wahrheit? Ein bewegliches Heer von Metaphern, Metonymien, Anthropomorphismen, kurz eine Summe von menschlichen Relationen, die, poetisch und rhetorisch gesteigert, übertragen, geschmückt wurden und die nach langem Gebrauch einem Volke fest, kanonisch und verbindlich dünken: die Wahrheiten sind Illusionen, von denen man vergessen hat, daß sie welche sind, Metaphern, die abgenutzt und sinnlich kraftlos geworden sind, Münzen, die ihr Bild verloren haben und nun als Metall, nicht mehr als Münzen, in Betracht kommen«[170]. Unser primäres Medium besteht also aus der Unwahrheit, aus der Desinformation. Es generiert seine Daseinsberechtigung über die übersteigerte begriffliche Sinnzuschreibung, obwohl die Begriffe selbst als Medium von Sinn und Wahrheit nicht wirklich taugen. Sprache ist also eine Übertreibung. Und doch ist sie das Meer, in dem das diskursiv denkende Individuum vor sich hintreibt.

LÜGE UND ÜBERTREIBUNG

Dieses Sprachmeer ist also ein künstliches Gewässer, das als natürliches missverstanden wird. Genau hier erkennt Nietzsche das grundlegende Problem. Damit Sprache funktioniert, muss ihre künstliche »Bedingung erst als erfüllt fingirt werden. Das heißt: der Wille zur logischen Wahrheit kann erst sich vollziehen, nachdem eine grundsätzliche Fälschung alles Geschehens vorgenommen ist.«[171] Jeder rationale Anspruch auf Wahrheit gründet so eigentlich auf einer veritablen Lüge.

Eine Lüge, die mit dem bewusst intendierten Täuschen eines Anderen wenig zu tun hat. Lüge heißt bei Nietzsche der ganze vielgestaltige Kanon an kollektiven Illusionen, Annahmen, Glaubenssätzen, die jeder Sprache inhärent sind. Sprache ist Medium der Lüge, da sie selbst eine einzige große Lüge darstellt. »Woher in aller Welt, bei dieser Constellation der Trieb zur Wahrheit?«[172] fragt Nietzsche, der sich sicher ist, das der Mensch Wahrheit nicht um der Erkenntnis willen braucht, sondern vielmehr für ein funktionierendes soziales Miteinander. Sie ist wichtig, insofern dass sich die Menschen auf etwas einigen müssen, damit sie einigermaßen friedlich zusammenleben können. Nietzsche bezieht sich hier auf Hobbes und sieht Wahrheit als nützliche Waffe gegen das »allergröbste bellum omnia contra omnes«[173]. Sie fungiert als Markierung einer bestimmten politisch-moralischen Konvention. Derjenige, der gegen sie verstößt, ist ein Lügner, und der, der ihr folgt, spricht die Wahrheit. Lange vor den Struktur- und Diskursanalysen der sogenannten Postmoderne geht es Nietzsche um das, was hinter den Kulissen der Sprachregelungen stattfindet, und er fragt nach dem Grund, aus dem man sich auf bestimmte Bedeutungen von Worten geeinigt hat. Er kommt zu dem Schluss (und hier nimmt er in den 1870er Jahren die Konsens- und Kohärenztheorie vorweg), dass es um konkrete und pragmatische Konsense geht, die die Menschheit braucht, um dem unschönen Naturzustand des homo homini lupus zu entgehen.

Der Wille zu dieser Wahrheit führt also über die Analyse der fundamentalen Lüge, die man vielmehr als zusammenhängendes System von Lügen identifizieren muss. Denn der Anschein der Wahrheit generiert sich aus der stabilen Kohärenz der einzelnen Lügen zueinander. Wenn also die Täuschungen, Fälschungen, Metaphern, Metonymien, Anthropomorphismen, kurz: das ganze Konzert der Lügen zusammenpassen und damit ein Ganzes ergeben, kulminiert dieses Konstrukt in einer undurchsichtigen Gemengelage, die von den meisten als Wahrheit missverstanden wird. Aus dieser konzessionslosen Dekonstruktion von Sprache resultiert Nietzsches berüchtigte Moralkritik. Denn wenn Sprache nicht mehr als Medium der

Wahrheit, sondern als Medium der Lüge begriffen wird, wird auch jedwede Formulierung von moralischer Wahrheit zur Augenwischerei. In diese sprachkritischen Abgründe niederzublicken war für Nietzsche denn auch das, was Philosophie zu einem riskanten Unternehmen machte. »Philosophie, wie ich sie bisher verstanden und gelebt habe, ist das freiwillige Leben in Eis und Hochgebirge – das Aufsuchen alles Fremden und Fragwürdigen im Dasein, alles dessen, was durch die Moral bisher in Bann gethan war.« Moral erscheint hier als ein den Geist vernebelndes Gewäsch, das den Menschen davon abhält, in die eigentlichen Sphären seiner Existenz aufzusteigen. Hier manifestiert sich übrigens noch einmal seine Theorie des Übermenschen: Wie mutig ist der Mensch, der das Leben begreifen will, wirklich? Oder in seinen Worten: »Wie viel Wahrheit erträgt, wie viel Wahrheit wagt ein Geist?«[174] Wie Schopenhauer, Kierkegaard und später Anders sieht auch Nietzsche den Menschen innerhalb seiner Grenzen (mit seiner Sprache, seiner Wahrnehmung und seinem Fühlen) der Welt, der sogenannten Wirklichkeit, fremd und verloren gegenüberstehen. Er muss sich seine Abgeschnittenheit, seine Verlorenheit schön lügen, um überhaupt überleben zu können. Er muss sich seine unerklärliche Situation hier auf der Erde erst plausibel lügen bzw. zurecht fälschen, um mit ihr umgehen zu können. Menschliches Leben – im Gegensatz zum Leben der Tiere – ist für ihn nur mithilfe eines »solchen Fälschungs-Apparates möglich. Denken ist ein fälschendes Umgestalten, Fühlen ist ein fälschendes Umgestalten, Wollen ist ein fälschendes Umgestalten«[175]. Die Lüge wird so zur Überlebensformel, zur Conditio sine qua non unserer Existenz. Erst wer bereit ist, sich dem fälschenden illusionserzeugenden Treiben hinzugeben, der wird dem Leben Positives abgewinnen können. Der verbohrte Moralist hingegen (der Sokrates) wird am Leben zugrunde gehen.

Lügen als Überlebensformel – bereits Platon hatte die eigenartige Wahlverwandtschaft der Lüge mit der Freiheit thematisiert. Im *Kleineren Hippias* ventilierte er die Frage, ob nicht die Bereitschaft zur Lüge dem Einzelnen einen Vorsprung ermöglichte, der dem Wahrhaftigen prinzipiell verwehrt bleiben musste. Folgende innere Dimensionierung des Lügners nimmt Platon (der Philosoph der Wahrheit) zunächst vor: Es gibt bei ihm den »tüchtigen« Lügner und den »untüchtigen« Lügner. Letzterer ist sich seines Lügens weniger bewusst als der tüchtige Lügner. Der Untüchtige ist insofern »schlechter«, als dass er Opfer der Lüge wurde, da er es nicht besser wusste. Er weiß nicht, dass er lügt. Platon formuliert es in aller Deutlichkeit: »Der Schlechte aber war untüchtig zum Lügen, so dass er nie falsch sein kann, da er untüchtig ist zum Lügen.«[176] Wohingegen der tüchtige Lügner, der weiß, dass er lügt, eben auch dezidiert und bewusst zur Lüge imstande ist. So kommt Platon zu der Regel, dass der Grad der Bewusstheit beim Einsatz der Lüge den Einzelnen zu einem besseren Wesen macht. Wer »tüchtig ist zum Lügen«, ist für ihn der Bessere. »Denn der Untüchtige nicht, der ist unverständig.«[177]

Lügen wird so zu einer Kunstfertigkeit, die, ganz unabhängig von weitergehenden moralischen Auseinandersetzungen, für sich steht. Platon schlussfolgert – ganz im Sinne Nietzsches – nicht moralisch, sondern vom Standpunkt eines Theoretikers der Macht. Er stellt fest, dass wer »anderen Schaden tut und sie beleidigt, belügt, betrügt und sonst sich vorsätzlich vergeht, und nicht unvorsätzlich, besser ist, als wer unvorsätzlich«.[178] Und in aller Deutlichkeit am Ende des Dialogs noch einmal: »Der also vorsätzlich unrichtig und das Schlechte und Unrechte tut, o Hippias, wenn es einen solchen gibt, wäre kein anderer, als der Gute.«[179] Doch was bedeutet »Gut« in dem Fall? Platon referiert an etlichen Stellen im *Kleineren Hippias* auf den »Verständigen« als den »Guten«. Der »Unverständige« ist bei ihm der »Schlechte«. Der Lügende ist insofern der Intelligentere und somit Bessere der beiden, da er mehr Wissen über eine bestimmte Sachlage hat. Eine Option, die der Unverständige, womöglich Authentische, nicht hat. Somit hat derjenige, der imstande ist zu lügen, erst die Möglichkeit, in eine moralische Debatte einzutreten, da der Wahrhaftige oder Unverständige im Sinne Platons gar keine Kapazitäten aufweist, die ihn zu einer ernstgemeinten moralischen Diskussion befähigen würden. Gerade aus diesem Blickwinkel heraus erscheint Platons unmoralische Schlussfolgerung plausibel. Der Philosoph braucht den verständigen, »tüchtigen« Lügner, um überhaupt erst seine Arbeit verrichten zu können. Wären alle authentisch und wahrhaftig, gäbe es auch keinen Grund, über so etwas wie Wahrhaftigkeit nachdenken zu wollen. Ohne die Lüge gäbe es keine Philosophie, könnte man ein wenig überspitzt behaupten. Die Fähigkeit zum Lügen – und damit wäre eine weitere Deutung der überraschenden Schlussfolgerung Platons angerissen – stellt eine basale menschliche Kompetenz dar, die nicht per se moralisch überfrachtet werden darf.

Sie ist zunächst ein deutliches Zeichen intellektueller Autonomie, das auch Sartre in den Vordergrund stellte: »Das Wesen der Lüge impliziert ja, daß der Lügner über die Wahrheit, die er entstellt, vollständig im Bilde ist. Man lügt nicht über das, was man nicht weiß, man lügt nicht, wenn man einen Irrtum verbreitet, dem man selbst erliegt, man lügt nicht, wenn man sich irrt. Das Ideal des Lügners wäre also ein zynisches Bewusstsein, das in sich die Wahrheit bejaht, das sie aber in seinen Worten verneint und das für sich selbst diese Verneinung ableugnet.«[180] Im Unterschied zu Platon ist bei Sartre überhaupt erst der vorsätzlich Lügende ein Lügner. Es gibt bei ihm keinen »untüchtig« Lügenden. Selbst derjenige, der irrt, wäre bei genauerem Hinsehen nicht als Lügner zu kategorisieren. Was bei Sartre aber noch mehr zum Vorschein kommt, ist die intellektuelle Beweglichkeit des Lügners, die so weit geht, dass er innerlich zwar eine Wahrheit affirmieren kann, äußerlich jedoch als wahrhaftig gelten kann, eben so, wie es ihm beliebt. Das macht die Fähigkeit zur bewussten und gut getarnten Lüge zum wichtigen Konstituens für Freiheit.

Gleichzeitig tritt der Lügende in ein interessantes Selbstverhältnis. Man ist in der Lage, sich selbst dabei zu beobachten, den anderen zu einem Bild von sich selbst zu bewegen, das nichts mit der Wahrheit zu tun hat. Dabei vollführt man im Akt des Lügens zwei Distanzierungen. Man distanziert sich von sich, indem man der eigenen Empfindung etwas anderes vorschaltet und so für sich selbst in einem anderen Licht erscheint, und man distanziert sich vom Anderen, bringt sich in den strategischen Vorteil, den Anderen glauben zu lassen, was man nicht ist. In der Kommunikation mit den Anderen ist – überträgt man das Prinzip auf alle Menschen – kaum mehr mit Sicherheit zu sagen, was überhaupt noch wahr und was gelogen sei. Das Innere des Menschen wird so zum unendlichen Raum, der offen hält, wie die Dinge zu bewerten sind. Wir alle lügen. Wir belügen andere und uns selbst. Wir müssen lügen, um unsere Psyche auf Kurs zu halten, das Zusammenleben mit unseren Mitmenschen zu meistern. »Durchschnittlich lügt jeder 25 Mal am Tag«[181]. Wenn man nun aber weiß, dass alle lügen, dann wird das Leben zu einem fortwährend undurchsichtigen Rätselraten. Man ist nie damit am Ende zu wissen, ob der andere etwas weiß, was er nicht sagt. Und wenn er etwas sagt, weiß man nie, ob es wahrhaftig gemeint ist. Die geschicktesten Lügen tarnen sich als Unter- oder Übertreibung.

Dabei könnte man die Übertreibung auch als Medium der Wahrheit betrachten: »Nur die Übertreibung ist wahr«[182] schreibt Adorno im mit Horkheimer verfassten zweiten Exkurs zur »Dialektik der Aufklärung«. In der Auseinandersetzung mit Kant verurteilen sie – wie Nietzsche vor ihnen – den kruden moralischen Realismus, dem keine Utopie mehr zugrunde liege. Sie stellen sich auf die Seite Nietzsches und de Sades, die konsequent die pervertierte Rationalität der Moderne zu Ende denken.[183] Erst mit der Herauswindung aus dem pervers-rationalen positivistischen Duktus lässt eine meist nur vermeintlich übertreibende Darstellungsform eine Tendenz zur Wahrheit zu. Wenn de Sade die Ambivalenz der Lasterhaftigkeit und der materiellen Belohnung bei Juliette auf die Spitze treibt, so zeigt sich für Adorno und Horkheimer erst in dieser extremen Darstellung der wahre Funke der grausamen Gleichgültigkeit der menschlichen Ratio vor der Moral. Was in der zurückhaltenden Illustration womöglich unterginge, wird erst in der Übertreibung konkret und greifbar: »Indem die eingeschüchterten Gedanken nicht mehr sein wollen als Provisorien, bloße Abkürzungen für darunter befasstes Tatsächliches, schwindet ihnen mit der Selbständigkeit der Realität gegenüber auch die Kraft, diese zu durchdringen. Nur im Abstand zum Leben spielt das des Gedankens sich ab, welches in das empirische eigentlich einschlägt. Während der Gedanke auf Tatsachen sich bezieht und in der Kritik an ihnen sich bewegt, bewegt er sich nicht minder durch die festgehaltene Differenz. Er spricht eben dadurch genau das aus, was ist, das nie ganz so ist, wie er es ausspricht. Ihm ist wesentlich das Element der Übertreibung, des über die Sachen Hinausschießens, von der Schwere des Faktischen sich Loslösens, kraft dessen er anstelle der bloßen Reproduktion des Seins dessen Bestimmung, streng und frei zugleich, vollzieht.«[184] Erst durch die Übertreibung befreit sich also der Gedanke aus der Angst, der Wirklichkeit nicht vollständig zu entsprechen. Gerade in der Distanz zur Realität steckt das eigentliche, zur Erkenntnis treibende Potential des Gedankens. Bliebe dieser nämlich stets nah am realen Geschehen, verkäme er zur »bloßen Abbreviatur der Tatsachen«[185]. Das übertrieben unwahre Element im Gedanken lasse diesen erst zum ernstzunehmenden Gegenkonstrukt zur Faktizität werden. »Indem er Unwahrheit auf sich nimmt, führt er an die Schwelle von Wahrheit im konkreten Bewusstsein der Bedingtheit menschlicher Erkenntnis.«[186]

Anders spricht in diesem Zusammenhang von »Entstellungen«, die nötig seien, um die Phänomene so darzustellen, dass sie uns als das erscheinen, was sie letztlich – in ihrer »Verborgenheit« – sind. Dies sei nicht bei allen Erscheinungen so. Aber es sei gewiss, dass »es Erscheinungen gibt, bei denen Überpointierung und Vergrößerung sich nicht vermeiden lassen; und zwar deshalb nicht, weil sie ohne diese Entstellung unidentifizierbar oder unsichtbar bleiben würden; Erscheinungen, die uns, da sie sich dem nackten Auge versagen, vor die Alternative ›Übertreibung oder Erkenntnisverzicht‹ stellen.«[187] Er konstatiert die Notwendigkeit der übertriebenen Darstellung, um ein Wahres dieser Erscheinungen dem Auge sichtbar zu machen. »Mikro- oder Teleskopie sind die nächstliegenden Beispiele, da sie mittels übertreibender Verbildlichung Wahrheit zu gewinnen suchen.«[188] Die Frage ist dann aber: Wollen wir das? Wollen wir so genau hinsehen? Heißt es nicht, dass bei zu genauem Hinsehen auch die vollendetste Schönheit hässlich wird? Fallen genau hier nicht wieder die beiden Annäherungen an eine vermeintliche Wahrheit auseinander? Wer lang genug sucht, der wird Unwahrheiten finden. Es liegt an der Justierung des Blicks. Wer mikroskopisch Negatives sucht, wird negative Aspekte einer Person und eines Gegenstandes entdecken. Von diesen relativierenden Ansätzen will die Wahrheit aber nichts wissen. Wir konkretisieren die Frage: Von welchen Wahrheiten können wir etwas wissen? Oder: Was lässt sich überhaupt wissen? Das Wissen einer sogenannten Wahrheit ist immer ein höchst subjektives Unterfangen, das erst mit dem Abgleich mit der Außenwelt, mit den Mitmenschen, an »wahrheitlicher Konsistenz« gewinnt. Es muss immer wieder neu justiert werden. Die Konsenstheorie der Wahrheit besagt im Grunde genau das. Sie bezieht sich aber nicht nur auf den Abgleich mit den Aussagen der Mitmenschen in der Gegenwart, sie beinhaltet auch den Rekurs auf Meinungen mit früher akzeptierten Aussagen. Die Kohärenztheorie beschreibt die Textur einer wahrheitlichen Aussage. Beide Theorien zusammengenommen definieren Wahrheit als eine in sich stimmige – widerspruchsfreie – Aussage, als Einigung auf einen allgemeingültigen Sachverhalt. Doch wie sieht es in uns Menschen aus? Wann stellt sich wahres Wissen über einen Sachverhalt ein? Was ist mit dem Wissen, das als wahr empfunden wird und womöglich nicht mal wirklich kommuniziert werden kann? Oder schlicht: Was kann ich wissen?

VOM WISSEN EINER WAHRHEIT

Schon Platon mahnte in seinem *Theaitetos* den Versuch, Wissen definieren zu wollen, mit folgenden Worten an: »Mein größtes Bedenken ist, dass die Frage, die zu unserer Unterredung den Anstoß gegeben hat, nämlich was eigentlich das Wissen sei, ungelöst bleibt, weil so viele Argumente auf den einstürmen, der auf sie eingeht. Und übrigens ist das Problem, das wir nun aufrühren, in seiner Fülle kaum zu behandeln;

will es jemand nur nebenbei untersuchen, so tut er ihm damit unrecht; macht er es aber gründlich, so zieht sich die Untersuchung dermaßen in die Länge, dass sie die Frage nach dem Wissen völlig in den Schatten stellt«[189]. Der Protagoras in Platons Ausführungen gab hingegen zu bedenken, dass Wissen und die Wahrnehmung nicht trennscharf auseinanderzuhalten seien.[190] Sein Homo-Mensura-Satz »bildet die Formel für die anthropologische Relativität alles Wissens«[191]. Nach Protagoras sei es nicht so ohne Weiteres möglich, festzustellen, inwiefern die Wahrnehmung und somit das Wissen des Einen dem des Anderen gleiche, sich von ihm unterscheide oder ob es gar als höher- oder minderwertig einzustufen sei, da jeder sich lediglich auf die eigene Wahrnehmung beziehen bzw. sein eigenes Kriterium/Maß (métron) an das Wahrgenommene anlegen könne. In den Ausführungen des Sextus Empiricus untermauert Protagoras seine These einer Wahrnehmungs- und Wissensrelativität durch die Annahme, »die Gründe aller Erscheinungen lägen in der Materie vor, so dass die Materie an sich selbst allen das sein könne, was allen erscheine«[192]. Protagoras geht noch einen Schritt weiter: Die intersubjektive Relativität des Wissens ergänzt er mit einer innerweltlichen, intrasubjektiven. »Die Menschen nähmen entsprechend ihren verschiedenen Zuständen zu anderen Zeiten andere Dinge wahr«[193]. Unter dieser Perspektive ist Wissen nicht nur zwischen den Menschen nicht eindeutig bestimmbar, sondern auch innerhalb des Erkenntnisvermögens eines Individuums.

Platon nimmt nun diesen »vulgären« Wissensbegriff des Protagoras im *Theaitetos* unter die Lupe und widerspricht ihm vehement: »Wir geben ihm auf keinen Fall zu, dass jeder Mensch aller Dinge Maß ist, sofern einer nicht verständig ist. Und auch dass Wissen Wahrnehmung ist, werden wir nicht zugestehen«[194], denn »nicht in den Eindrücken ist also Wissen enthalten, wohl aber in den verstandesmäßigen Schlüssen über sie. Denn hier ist es offenbar möglich, Sein und Wahrheit zu erfassen, dort aber ist es unmöglich«[195]. Platon setzt der vermeintlich simplen Argumentation des Protagoras eine augenscheinlich komplexere entgegen. In dieser sei das Wissen

»ganz und gar nicht mehr in der Wahrnehmung zu suchen [...], sondern in jenem Verhalten der Seele, wie es auch heißen mag, wenn sie sich durch sich selbst mit den Dingen beschäftigt«[196]. Platon lanciert die Begriffe »Wahrheit« und »Seele«. Für ihn indizieren sie ein Wissen, das tiefergeht als die bloße Wahrnehmung von den Dingen. Der objektive Idealismus, für den Platon bis heute berühmt ist, klingt hier ganz deutlich an.[197] Bemerkenswert ist in diesem Zusammenhang auch Platons Definition der Seele, die sich durch sich selbst mit den Dingen beschäftigt. Hier klingt eine gewisse Eigendynamik an, auf die später noch eingegangen wird. Die Protagoräische Wahrnehmung wird im weiteren Verlauf des Dialogs von Theaitetos durch die »richtige Meinung« ersetzt. Doch Sokrates gibt zu bedenken, dass die richtige und die falsche Meinung im Zweifelsfall nicht objektiv bestimmbar seien. So weit scheint Platon vom subjektiven Moment des Meinens überzeugt. Doch er bleibt mit seiner Forderung nach objektiver Erkenntnis stur. Die subjektive, für den Einzelnen »wahre« Meinung sollte verbunden werden mit einer objektiv nachvollziehbaren Erklärung. Denn »wenn sich nun also jemand ohne Erklärung die wahre Meinung von etwas bilde, so besitze seine Seele davon zwar die Wahrheit, aber nicht die Erkenntnis; denn wer nicht imstande sei, eine Erklärung abzugeben und entgegenzunehmen, der sei über diese Sache unwissend. Wer aber auch die Erklärung dafür finde, der bekomme die Macht darüber und besitze alles, was es zum Wissen braucht«[198]. Das Konzept von der Meinung mit einer Erklärung bleibt für Sokrates im weiteren Verlauf des Dialoges nicht ausreichend. Die Erklärung muss zwingend auf logischen Denkakten aufgebaut sein, d.h. der objektiv erkennenden Vernunft (»Logos«) entsprechen. Die logische Erklärung an sich besteht in der Auslegung von Verschiedenheit. So kommt Platon zu folgendem Ergebnis: »SOKRATES: Wer also gefragt wird, was Wissen sei, der wird, scheint mir, folgende Antwort geben: richtige Meinung, verbunden mit Wissen von der Verschiedenheit. Denn das wäre wohl nach jener Ansicht die Hinzunahme einer logischen Erklärung. THEAITETOS: Offenbar«[199].

Im unmittelbaren Anschluss an das Ergebnis des erkenntnistheoretischen Diskurses schließt Sokrates überraschend mit den Worten: »Und es ist doch reine Torheit, wenn wir nach dem Wissen suchen, zu sagen, es sei eine richtige Meinung, verbunden mit Wissen, gleichviel, ob von der Verschiedenheit oder von sonst etwas. Somit, Theaitetos, wäre also das Wissen weder Wahrnehmung noch richtige Meinung noch eine logische Erklärung, die zu der richtigen Meinung hinzukommt.«[200] Warum Platon seinen *Theaitetos* mit der Verneinung der letztendlich plausibel erscheinenden Erklärung von Wissen schließt, darüber scheiden sich die Geister bis heute. Das offene Ende lässt aber vermuten, dass in seinem Sinne die Diskussion um den Wissensbegriff nie zu Ende sein sollte, da dieser vielleicht grundlegender als alle anderen auf den Begriff der Wahrheit rekurriert. Mit anderen Worten: Mit der Frage nach Wissen ist immer auch die Frage nach Wahrheit gestellt. Und mit der Frage nach Wahrheit ist das Nervensystem der Philosophie freigelegt.

Wahrheit ist die große unbestimmbare Variable des Menschen und seines Erkenntnisvermögens. Hier wäre der Exkurs in die Erkenntnistheorie Platons zu Ende. Zu Adorno lässt sich in diesem Zusammenhang eine entscheidende Parallele herausarbeiten. Denn auch für ihn ist das »Kriterium des Wahren« letztlich unbestimmbar und zeichnet sich eben nicht durch »seine unmittelbare Kommunizierbarkeit an jedermann«[201] aus. »Zu widerstehen ist der fast universalen Nötigung, die Kommunikation des Erkannten mit diesem zu verwechseln und womöglich höher zu stellen, während gleichzeitig jeder Schritt zur Kommunikation hin die Wahrheit ausverkauft und verfälscht [...]. Wahrheit ist objektiv und nicht plausibel«[202]. Platons offenes Ende lässt ein ähnliches Verständnis für den Wissensbegriff vermuten. Die Überführung von Wissen in eine Einsicht, in wahres Verständnis, läuft hinter den wahrnehmbaren Grenzen der subjektiven Gedankenwelt ab. Es ist, der archaischen Metaphorik folgend, ein Ideal und das gemeinhin als »lebensweltlich« bezeichnete Wissen kann der perfekten Idee davon nicht vollkommen entsprechen. Diese kann nur wiedererinnert werden (anamnesis), an ihr kann nur teilgehabt werden (methexis). Somit bleibt Wissen am Ende undefinierbar, solange der Anspruch auf »wahres Wissen« besteht.

Die fehlende metaphysische Einfärbung der Wissensfrage macht das gemeinhin »Wissbare« jedoch nicht erst seit Adornos Kritik am erkenntnistheoretischen Positivismus zur zählbaren Größe. Wissen wird im Moment der bloßen Kenntnis (von etwas) zum Halbwissen, das – ohne tieferen Sinn besetzt – bilanziert und gemanagt werden kann. Es trägt auch zu einer Nivellierung von Inhalten bei. Eine Nivellierung, die sich in einem der berühmtesten Bonmots der Philosophie äußert: »Wissen ist Macht.« Dass Wissen Macht ist, wird von Adorno und Horkheimer zwar nicht bezweifelt, vielmehr wird die rein technisch-formale Qualität, die Bacon seinem Wissensbegriff beimisst, verurteilt. Die eindimensionale Bedeutung, das Fehlen einer idealistisch-humanistischen Tiefe, ist schließlich der Hauptgrund des gesamtgesellschaftlichen Rückfalls in die Barbarei. »Das Wissen, das Macht ist, kennt keine Schranken, weder in der Versklavung der Kreatur noch in der Willfährigkeit gegen die Herren der Welt.« Wissen – das in einem späten Lebensabschnitt möglicherweise in einem Zustand lebenspraktischer Erfahrenheit und Weisheit kulminiert – wird in seiner Reichhaltigkeit beschnitten. »Es zielt nicht auf Begriffe und Bilder, nicht auf das Glück der Einsicht, sondern auf Methode, Ausnutzung der Arbeit anderer, Kapital.«[203] Deutlich auch an dieser Stelle zu erkennen: die geistige Herkunft Adornos und Horkheimers. Bacon steht für die Entkoppelung des Wissens von emanzipatorischen Absichten. Adorno verortet bei ihm den Ursprung des technischen Fortschrittsdenkens, das als der archimedische Punkt der Dialektik der Aufklärung gilt. In ihm wird das eigentliche regressive Moment der bürgerlichen Revolution ausgemacht. Wissen regrediert in ihr zur bloßen Technik. »Die vielen Dinge, die es nach Bacon noch aufbewahrt, sind selbst wieder nur Instrumente: das Radio als sublimierte Druckerpresse, das Sturzkampfflugzeug als wirksamere Artillerie, die Fernsteuerung als der verlässlichere Kompass.«[204] Was Aristoteles noch als »Glück der Einsicht« bezeichnete, Platon als »ideales Wissen« dem lebenspraktischen überordnete, ist vor allem eines nicht: ökonomisch. Adorno und Horkheimer erkennen hier eine überreizte Mathematisierung und Ökonomisierung des Wissens. »Was dem Maß von Berechenbarkeit und Nützlichkeit sich nicht fügen will, gilt der Aufklärung als verdächtig.« Gerade das totalitäre Moment dieser Entwicklung, die »zersetzende Rationalität«, eine gewisse irrationale Fetischisierung von Entmythologisierungen aller Art, lässt die rational-emanzipatorische Intention der Aufklärung in einen Zustand kippen, der – laut Adorno und Horkheimer – als neuer Mythos begriffen werden muss.

Es ist eben die Überreizung der ratio, der sie selbst zum Opfer fällt. Am Ende steht eine Art Zahlenglaube, der nah an die religiöse Dichtung heranreicht.[205] Für Adorno und Horkheimer entfremdet die Vermehrung der technischen Macht den Menschen zusehends von sich und seinem Bestreben, sich selbst und die Welt zu verstehen. Es geht bei Bacons ratio nur noch um Macht. »Was die Menschen von der Natur lernen wollen, ist, sie anzuwenden, um sie und die Menschen vollends zu beherrschen. [...] Macht und Erkenntnis sind synonym.«[206] Die Formalisierung des Wissens- und Geistesbegriffs hat zudem eine Vergleichbarmachung inkommensurabler Gegenstände zur Folge. Es wird auf eine Reihe gebracht, was nicht auf eine Reihe gehört. Gerade in diesem Zusammenhang gewinnt das Nicht-Identische seine gesellschaftstheoretische Dimension. Medienkritik bedeutet hier Kritik an der rein zweckgerichteten Vernunft. Entscheidend ist hier: Denken (und mit ihm Sprache) selbst wird zum Werkzeug. Vernunft erfährt sozusagen ihre Technisierung. Platon will trotz des vermeintlich missglückten Definitionsversuchs den vulgären Relativismus des Protagoras nicht stehen lassen und bringt den Begriff der Wahrheit ins Spiel. Platon konstatiert eine tiefe Verwandtschaft zwischen den beiden Begriffen Wissen und Wahrheit. Dem steht ein mechanischer Wissensbegriff gegenüber, der seinen Ursprung nicht in der Antike, sondern in den Anfängen der Industrialisierung und der Aufklärungszeit hat und gegen den Kant anschrieb. Die offiziell von Descartes und Leibniz getragene

»Mechanisierung des Geistes« weckte ihn bekanntlich aus seinem »dogmatischen Schlummer«. Blaise Pascals »Pascaline« war dann der Holzcomputer, der als mechanischer Vorläufer der digitalen Maschine angesehen werden kann. Sie war die erste »künstliche Intelligenz«, die es erlaubte, dem menschlichen Geist mechanische Gesetzmäßigkeiten zu unterstellen. Der bereits zur Zeit Adornos und Anders' allgemein anerkannte Wissensbegriff, gemäß welchem Wissen als »Gesamtheit der Kenntnisse, die jemand auf einem bestimmten Gebiet hat«[207], definiert wird, hat also seinen Ursprung bei den Rationalisten der Aufklärungszeit. Und dieser Einfluss hallt heute noch in der allgemeinen Auffassung von Wissen nach. Denn der Ausdruck wird synonym zu Begriffen wie »Kenntnis« oder »Bewusstsein (von etwas)«[208] verwendet. Wissen ist also nicht – wie bei Platon, Kant oder Adorno – subjektiv und nicht mit einem tieferen Sinn besetzt, sondern Summe von fraktaler Sachkenntnis, die bilanziert und digitalisiert werden kann.

INFORMATION

Die kontextlose Information ist ein Produkt der Medienneuerungen der letzten beiden Jahrhunderte. Die Transformation der Bedeutung von Information nahm mit der Erfindung des Telegrafen und der Fotografie ihren Lauf. Beide Techniken veränderten die grundlegende Beziehung der Menschen zu Neuigkeiten. Unabhängig von den jeweiligen Kontexten wurden Neuigkeiten zu dem, was sie heute immer noch sind: eine konsumierbare Ware. Zwei zeitliche Aspekte wurden mit dem Fortschreiten der Mediatisierung immer relevanter: die schnelle Übermittlung der Information per Telegrafie und die Konservierung von Informationen per Fotografie. Mit den beiden Erfindungen wurde also die schnell übertragbare und speicherbare Information, wie wir sie heute kennen, geschaffen. Gerade die zerstückelte Form der Weitergabe von Realitätsausschnitten, das Herausreißen beliebiger Momente aus den jeweiligen Zusammenhängen und die parallel hierzu entstehende Möglichkeit, diese herausgerissenen Momente in neue Zusammenhänge zu bringen, sprich: »das Nebeneinanderstellen von Ereignissen und Dingen, zwischen denen es keinen logischen oder historischen Zusammenhang gibt«[209], erzeugte eine neue Form der Realitätswahrnehmung.

Die Welt zerfiel zum ersten Mal in viele kleine Informationseinheiten, die nicht mehr Teil einer konsistenten Erzählung waren. Lewis Mumford sprach in diesem Zusammenhang von der zerbrochenen Zeit und Aufmerksamkeit (»broken time and attention«)[210]. Die Rahmung und Positionierung von Informationen, die heute viele Bereiche der Informationsweitergabe bestimmt, wurde zur entscheidenden Qualität. Die informationsbezogene Besonderheit der Fotografie wie auch der Telegrafie bestand also in der Möglichkeit zur beliebigen thematischen Verortung. Dabei »erscheinen alle Grenzen als etwas Willkürliches«, so beschrieb es Susan Sontag. »Alles kann isoliert und ohne Zusammenhang mit etwas anderem dargestellt werden: Nötig ist nur, dass der Bildgegenstand anders gerahmt wird.«[211] Zur Kontextlosigkeit der Informationen mit dem Aufkommen der oben beschriebenen »schnellen Medien« kommt heute ihre digitalisierte Herkunftslosigkeit. Wer was einmal online gestellt hat, ist in der Tat – selbst für Experten – oft nur schwer zu erkennen. Ein der Sache implizites Verschwinden der Herkunft und des Gewordenseins kann hier als konstitutiver Charakter des heutigen Mediensettings festgehalten werden. Heute – so scheint es – befällt viele bezüglich der Informationsberge, denen sie im Internet gegenüberstehen, ein diffuses Gefühl der Überforderung. Das unüberschaubare »Datendurcheinander« geht mit zunehmenden Aufmerksamkeitsdefiziten einher. Auch wenn ordnende Kräfte – wie der Google-Algorithmus[212] – am Werke sind: Das Internet verunsichert bezüglich der Organisierbarkeit und Orientierung, die dem Einzelnen in einem überschaubaren Setting aus Printmedien sicherlich noch einfacher fallen konnte. Aufgrund der hier beschriebenen mehrdimensionalen Kontextlosigkeit der heutigen Information samt der quantitativen Flutung tritt darüber hinaus das Problem der Indikation eines Faktes in den Vordergrund.

Was heute wirklich oder fiktional ist, man kann es selbst mit sogenannten Bildbeweisen oder gefilmten Sequenzen nicht belegen. Die Digitalisierung verändert also nicht nur die tsunamiartige Verfügbarkeit von sogenannten »Mytheninformationen«, sondern auch die Struktur der Fakten selbst. Das von Baudrillard verkündete Ende der »Ordnung des Realen«[213] scheint tatsächlich gekommen. Mit diesem Ende nimmt »der digitale Fakt« eine seltsame Rolle ein. Er funktioniert scheinbar nach neuen und anderen Regeln, denn ihm ist eine Unbeständigkeit und Volatilität eigen, die früher eher ein Kennzeichen des Gerüchts, des Nicht-Faktes gewesen ist. Mercedes Bunz beschreibt die Lage folgendermaßen: »Damit unsere Kenntnis der Fakten akkurat bleibt, muss sie laufend aktualisiert werden – und es ist genau diese Veränderbarkeit, die uns mit einem Gefühl der Konfusion und Beunruhigung zurücklässt. Die sich permanent ändernden Fakten müssen falsch sein, schließlich verändert sich die Wahrheit nicht, sie ist zeitlos. Es scheint, dass wir hier immer noch nach Regeln eines älteren Diskurses denken und uns an eine Logik halten, die uns zwar gute Dienste geleistet hat, die aber im Grunde im Zeitalter der Druckerpresse verhaftet geblieben ist.«[214]

Die Situation ist verworren: Viele Fakten werden durch ihre beständige Aktualisierung zwar immer exakter, sie verlieren aber gleichzeitig ihre Beständigkeit, die einst ein Kennzeichen des Wahren, zumindest des Wahrhaftigen gewesen war.[215] »Anstatt Informationen wie in einem Lexikon als gegebene Fakten zu präsentieren, bieten uns Suchmaschinen wie Google eine Pluralität an Stimmen.«[216] Bunz sieht in dieser Pluralität eine Veränderung des Verständnisses von »Erkenntnis« an sich. Es sei nicht eine autoritäre Stimme mehr, die über »Wahrheitsansprüche« befinde, sondern »im Peer-Review-Verfahren bestimmt ein Chor aus Experten, welche Stimme derzeit am ›tatsächlichsten‹ singt.«[217] Wissen demokratisiere sich auf diese Weise, und mehr noch: Es ist beständig dabei, sich zu relativieren, zu erweitern, zu begrenzen, etc. Hinzu kommen die weiteren Normalitäten der digitalen Sphäre: der permanente Zugriff, die Suchbarkeit, Kopierbarkeit und einfache Streichbarkeit (Verteilung) von Inhalten und dem sich stets erneuernden content in »real-time«.

Es heißt, wir leben in einer Zeit größter Medienskepsis. Warum eigentlich? Zum einen sicherlich aufgrund der unzähligen Möglichkeiten der Desinformationsverbreitung über das Netz. Gerüchte lassen sich hier viel leichter und schneller streuen als früher. Das Gerücht selbst ist jedoch ebenso wenig Phänomen des Internetzeitalters wie die Lüge. Es ist so alt wie die Sprache selbst und wurde von den Philosophen der Antike höchst anschaulich beschrieben. Erstaunlich sind die zwei Jahrtausende alten und doch passgenauen Metaphern von Ovid, die im Klima der gerüchtegeschwängerten Sozialen Medien ihre Entsprechung finden. Er beschreibt das Haus der Göttin des Ruhmes, wie wir heute das Internet beschreiben könnten: »Tausend Zugänge gab es in dem Haus und unzählige Luken, keine der Schwellen schloß sie mit Türen; bei Nacht und bei Tage steht es offen, ist ganz aus klingendem Erz, und das Ganze tönt, gibt wieder die Stimmen und, was es hört, wiederholt es. Nirgends ist Ruhe darin und nirgends Schweigen im Hause. Aber es ist kein Geschrei, nur leiser Stimmen Gemurmel, wie von den Wogen des Meeres, wenn einer sie hört aus der Ferne, oder so wie der Ton, den das letzte Grollen des Donners gibt, wenn Jupiter schwarzes Gewölk hat lassen erdröhnen. Scharen erfüllen die Halle; da kommen und gehen, ein leichtes Volk, und schwirren und schweifen, mit Wahrem vermengt, des Gerüchtes tausend Erfindungen und verbreiten ihr wirres Gerede. Manche von ihnen erfüllen mit Schwatzen müßige Ohren, Andere tragen dem Nächsten es weiter, das Maß der Erdichtung wächst, und etwas fügt ein Jeder hinzu dem Gehörten. Töricht Vertrauen ist da, da ist voreiliger Wahn, ist eitle Freude, da sind die sinnverwirrenden Ängste, plötzlicher Aufruhr und Gezischel aus fraglichem Ursprung«[218].

Die Sozialen Medien als gewaltige digitale Gerüchteküche. In ihnen kursieren Desinformationen aller Art, ganz wie im Haus der Fama bei Ovid. In ihnen wächst das Maß der Erdichtung an und flaut wieder ab, jeder kann etwas hinzufügen, jeder hört und sieht dort das Halbwahre mit Falschem vermengt, wenn auch nur aus der Ferne, wie Gemurmel. Ovids Beschreibung der emotionalen Effekte ist verblüffend. Manche schenken Glauben, manche bekommen es mit der Angst, geraten in Wahn, andere freuen sich. Der plötzliche Aufruhr und das Gezischel aus fraglichem Ursprung treffen das Klima, das massenhafte Befinden in der Anwendercommunity so treffend, dass man sich fast die Frage stellt, wie Ovid eine solch prognostische Poesie formulieren konnte.

Gerade das Fehlen des Ursprungs einer Desinformation ist dem Internet – so wie wir es kennen – inhärent. Laniers Ausführungen zum One-Way-Link geben darüber Aufschluss. Die unendlichen, fragwürdigen Pseudofakten und Mytheninformationen besiedeln das Netz, ohne dass ein Absender zu fixieren wäre. Das sorgt für Unsicherheit, wie ein Gesprächspartner mit Sonnenbrille, wie der Wachturm im Panoptikon.[219] Die gegenwärtige Medienskepsis speist sich sicherlich zu einem maßgeblichen Teil aus der strukturellen Unauffindbarkeit der Sender, aber auch aufgrund der Etablierung des digitalen Fakts selbst. Die sich über das WWW ständig erneuernde Faktenlage zu einem bestimmten Thema sorgt für eine misstrauische Grundhaltung gegenüber allen Arten von Fakten. Wo doch über Jahrtausende das feststehende – sich eben nicht ständig erneuernde – Wissen als wahrhaftig zu gelten hatte.

Dies wurde in den jüngst vergangenen Pandemiezeiten besonders deutlich: Gerade wenn vor den Augen der vielen Anwender der eine Virologe die Maske empfiehlt und der andere widerspricht, kommt es zur Unsicherheit und zum unguten Gefühl, nicht richtig informiert zu sein. Die schiere Menge der sich beständig erneuernden Informationen machen das Klima der gegenwärtigen Medienskepsis aus. Und dann ist da noch die grundlegende Komplexität von wahrer Information selbst. Denn was wahr und unwahr ist, hängt seit jeher von der Perspektive auf den Sachverhalt ab. Dass jene, die eine ganz bestimmte Deutung der Geschehnisse bevorzugen, allen anderen, die dieser Deutung widersprechen, mangelnde Neutralität vorwerfen, gehört zur Natur einer zugegebenermaßen recht faden Streitkultur selbst. Desinformation ist im Kern also meistens eine Sache der Perspektive und der Vorinformiertheit. Dabei sollen Medien objektiv sein. Neutralität wird allenthalben eingefordert. Der informationsgesättigte User will alles, bloß nicht belehrt werden – so scheint es. »Wir wissen schließlich selber, was wir denken wollen. So ungefähr lässt sich zusammenfassen, was in Kommentarspalten hier und anderswo zu lesen ist. Der einordnende Journalist gilt als neues Feindbild einer Medienkritik, die tatsächlich so tut, als sei die Wahrheit ein Schatz in tiefer See, der nur noch gehoben werden müsste. Erläuterungen, Deutungen, Haltungen – all dies scheint Teufelszeug einer moralisierenden Presse, die sich doch bitte darauf beschränken sollte, die reinen Fakten zu referieren. Diesem scheinbar so klaren Postulat liegt jedoch ein tiefgreifendes Missverständnis zu Grunde: Das von einer greifbaren Wahrheit, die aller Interessen entkleidet, eindeutig und unmissverständlich zu kommunizieren sei. Als gäbe es keine Agenden und Spin-Doktoren, nur den faktenreinen Diskurs im herrschaftsfreien Raum. Nur ist die Welt eine andere und die Wahrheit ein brüchiges Konstrukt: Wie eine neutrale Berichterstattung über Russlands Ukrainepolitik aussehen soll, darüber dürften NATO und Kreml sehr unterschiedliche Auffassungen haben. Und die Darstellung des VW-Skandals sieht rund um Wolfsburg tendenziell anders aus als im Rest der Welt«[220].

Zur elektronischen Gerüchteküche und der grundlegenden Problematik der Indikation von wahren Informationen selbst kommt die gegenwärtige Vielgestaltigkeit der medialen Desinformation. Sie kann in der selektiven Zensur bestehen, also dem partiellen Weglassen von maßgeblichen Fakten. Sie entsteht oft wie von ganz allein durch fehlende Kontexte. Der einfache Fernsehkonsument im Großbritannien der sechziger Jahre kannte Spaghetti als Nudelform noch gar nicht. Die Desinformation ist hier auch ein Spiel mit dem Nichtwissen der Rezipienten. Die zeitliche Abfolge der Unmengen an Berichterstattungen spielt auch eine zentrale Rolle. Desinformation gelingt nur, wenn nicht zu genau hingeschaut wird. Gerade die überstrapazierte Aufmerksamkeit der Anwender ist ein Aspekt der Medienskepsis, der oft unterschätzt wird. Der mediale

Manipulationsverdacht geht auch auf die einfache Tatsache zurück, dass die übermittelten Informationen selbst in 99 Prozent der Fälle nicht persönlich überprüfbar sind.

Ein fast omnipräsentes, diffuses Gefühl der Desinformiertheit schwingt im eifrigen Medienkonsum dieser Tage mit. Barry Levinson formulierte hierzu einmal interessantes Statement. »Vom Golfkrieg haben wir kollektiv dieselben Bilder. Sonst nichts. Eine Kontrolle war unmöglich. Die Bilder hätte man auch fälschen können [...] Kommt es später raus, ist das egal. Da gibt es schon was Neues«[221]. Obwohl das Theorem von der Allmacht der Medien für die meisten Medienwissenschaftler als Phantasma der Vergangenheit gilt, ist doch die Möglichkeit der Massenmanipulation spätestens seit Corona wieder in aller Munde. Auch wenn aufgrund der offenen Kanäle des Internets unwahrscheinlich – die Vorstellung einer konspirativen Runde, bestehend aus Vertretern der großen Medienhäuser, zur Setzung einer globalen Agenda erscheint verführerisch. Da im Grunde alles mit den oben genannten Variablen der Publizistik in die Agenda der weltweit vernetzten Anwender gepusht werden kann, bräuchte es doch nur die heimliche Absprache der größten Player. Die Schnittmenge zwischen Verschwörung und Desinformation würde hier absolut.

Anstatt einer gezielten und globalen Agenda entstammen einzelne Desinformationen oft journalistischem Geltungsbedürfnis. Die berühmten Zeilen, die aus einem informierenden Ganzen herausgerissen wurden, sind zumeist griffiger als die komplizierte Wahrheit. Fehlinformationen sind tendenziell interessanter als wahre Informationen. Es geht bei ihnen um das Ominöse, das nicht genau Identifizierbare, das Konspirative, das Unwahrscheinliche (wie die Delphine in Venedig). Die Desinformation selbst war schon immer auch Politikum. Seit dem Dreißigjährigen Krieg und allerspätestens seit dem Syrienkrieg wissen wir: Neben jedem realen Krieg tobt auch ein Informationskrieg, ein Deutungskrieg. Letzterer wird immer vielschichtiger geführt. Er diversifiziert sich über die Mannigfaltigkeit der zur Verfügung stehenden Kanäle. Er wird auch perfider und undurchschaubarer. Denn eines ist sicher:

In naher Zukunft wird mit Hilfe von künstlicher Intelligenz eine ganz neue Intensität der Desinformation erreicht. Dann werden auch Videos – die bislang noch als letztes mediales Beweismittel gelten – zur Desinformation genutzt. Die online stehenden Informationen werden so zu einem undurchsichtigen Gebräu, das kaum mehr zu entschlüsseln sein wird.

TRÄUME

Es ist Nacht. Der Traum ist auch so etwas wie ein undurchsichtiges Gebräu, aber ein invertiertes (nach innen gerichtetes): Bestehend aus Bildern, Gedanken, Emotionen, realistisch anmutenden bis surrealen Sequenzen der Fantasie. In ihnen manifestiert sich – so die Annahme Sigmund Freuds – auf kryptische Art und Weise die Wahrheit über den Träumenden. Der Traum erscheint hier als Medium einer Wahrheit, die – in verschlüsselter Form – erst durch die entsprechende Deutung zugänglich wird. Im Traum durchlaufen wir die unwahrscheinlichsten Episoden aus unserer Vergangenheit, gepaart mit den abenteuerlichsten Fiktionen. Wo sie herkommen und wie sie entstehen, kann man nicht mit Sicherheit sagen. Der Traum bleibt zurück als eigenartige anthropologische Konstante: Wir sind die Wesen, die träumen und sich bewusst an ihre Träume erinnern können. Der Traum im Schlaf folgt auf den vollständigen Verlust der wachen Bewusstseinsfunktion. Und genau diese allnächtlich sich wiederholende Episode der Bewusstlosigkeit macht den Traum zu *dem* mystischen Element unseres Lebens.

Noch die Vorsokratiker hielten den Traum für eine Eingebung von göttlicher Seite, für ein Medium des Übernatürlichen. »Man unterschied wahrhafte und wertvolle Träume, dem Schläfer gesandt, um ihn zu warnen oder ihm die Zukunft zu verkünden, von eiteln, trügerischen und nichtigen, deren Absicht es war, ihn in die Irre zu führen oder ins Verderben zu stürzen.«[222] Die Deutung der Träume kam einem Orakelspruch gleich und wirkte der Deutung entsprechend mehr oder minder direkt auf das konkrete Leben des Einzelnen.[223] Aristoteles verlegt den Traum in die Psyche des Einzelnen und hier entstammt er keiner externen übernatürlichen Offenbarung mehr, »sondern folgt aus den Gesetzen des allerdings mit der Gottheit verwandten menschlichen Geistes. Der Traum wird definiert als die Seelentätigkeit des Schlafenden«[224]. Er erzeugt auf eigenartigste Weise seine eigene Sphäre. In ihr ist der Einzelne der realen Welt vollständig entrückt. Der Traum ist so rätselhaft und interessant, weil er einem unerhörten Widerspruch folgt: das Fehlen des Bewusstseins – also jener Rationalität, Logik und Zurechnungsfähigkeit, die den Wachzustand ausmacht – verleiht dem Menschen eine zusätzliche immanente Dimension, die er aber nicht kennen kann.

Der Schlafende ist nicht identisch mit dem Individuum im Wachzustand. Seine Grundfesten stehen, wenn man den Schlaf und den Traum mit einbezieht, auf völlig unsicherem Terrain. Was ist der Mensch, wenn er schläft? Im Grunde unterscheidet ihn ja nichts von einem anderen Lebewesen. Er ist im Schlaf eigenartig zurückgeworfen auf seine vegetative Grundkondition. Er vegetiert im wahrsten Sinn des Wortes schlafend vor sich hin. Er atmet, ja. Aber keine Artikulationsfähigkeit, keine Reflexivität, keine Aktivität macht ihn zu dem Wesen, das er eigentlich ist. Er ist physisch zwar anwesend, aber geistig abwesend. Einerseits lässt der Traum sich als Ergänzung zum Wachzustand begreifen. So zitiert Freud den Physiologen Burdach, der eine zentrale Qualität des Traumes folgendermaßen skizziert: »Nie wiederholt sich das Leben des Tages mit seinen Anstrengungen und Genüssen, seinen Freuden und Schmerzen, vielmehr geht der Traum darauf aus, uns davon zu befreien. Selbst wenn unsere ganze Seele von einem Gegenstande erfüllt war, wenn tiefer Schmerz unser Inneres zerrissen, oder eine Aufgabe unsere ganze Geisteskraft in Anspruch genommen hatte, gibt uns der Traum entweder etwas ganz Fremdartiges, oder er nimmt aus der Wirklichkeit nur einzelne Elemente zu seinen Kombinationen, oder er geht nur in die Tonart unserer Stimmung ein und symbolisiert die Wirklichkeit.«[225]

In die Verarbeitung des äußeren »wirklichen« Erlebens des Tages mischen sich aber auch bekanntermaßen die sonderbarsten Erfindungen des Geistes. Kant thematisierte in seiner frühen Schrift *Träume eines Geistersehers, erläutert durch Träume der Metaphysik* diese eigenartige Vermischung der Sphären beim Schlafenden: Dieser »empfindet in einem gewissen Grad klar und webt seine Geisteshandlungen in die Eindrücke der äußeren Sinne. Daher er sich ihrer zum Teil nachher erinnert, aber auch an ihnen lauter wilde und abgeschmackte Schimären antrifft, wie sie es denn notwendig sein müssen, da ihnen Ideen der Phantasie und die der äußeren Empfindung untereinander geworfen werden.«[226] Die Schimären, die sich in die Verarbeitung des realen Lebens mischen können – nach Kant – bereits im wachen Träumen, dem Tagtraum, beginnen. »Derjenige, der im Wachen sich in Erdichtungen und Schimären, welche seine stets fruchtbare Einbildung ausheckt, dermaßen vertieft, daß er auf die Empfindung der Sinne wenig achthat, die ihm jetzt am wenigsten angelegen sind, wird mit Recht ein wachender Träumer genannt. Denn es dürfen nur die Empfindungen der Sinne noch etwas mehr in ihrer Stärke nachlassen, so wird er schlafen, und die vorigen Schimären werden wahre Träume sein.«[227] Wer sich am Tag in die Bilder seiner Gedanken vertieft, wird sie im tiefen Traum in der Nacht zum Leben erweckt erleben.

Der Nachttraum gilt aber ebenso als vollständig abgelöst vom wachen Erleben. »Der Traum ist etwas von der wachend erlebten Wirklichkeit durchaus Gesondertes, man möchte sagen ein in sich selbst hermetisch abgeschlossenes Dasein, von dem wirklichen Leben getrennt durch eine unübersteigliche Kluft. Er macht uns von der Wirklichkeit los, löscht die normale Erinnerung an dieselbe in uns aus und stellt uns in eine andere Welt und in eine ganz andere Lebensgeschichte, die im Grunde nichts mit der Wirklichen zu schaffen hat.«[228] Diese paradoxale Struktur des Traumes lässt sich nie wirklich auflösen, denn beides ist wahr. Mit seiner »Abgeschlossenheit und Abgeschiedenheit geht doch die innigste Beziehung und Verbindung Hand in Hand. Wir dürfen geradezu sagen: Was der Traum auch irgend biete, er nimmt das Material dazu aus der Wirklichkeit und aus dem Geistesleben, welches an dieser

Wirklichkeit sich abwickelt. Wie wunderlich er's damit treibe, er kann doch eigentlich niemals von der realen Welt los und seine sublimsten wie possenhaftesten Gebilde müssen immer ihren Grundstoff entlehnen von dem, was entweder in der Sinnenwelt uns vor Augen getreten ist, oder in unserem wachen Gedankengange irgendwie bereits Platz gefunden hat, mit anderen Worten, von dem, was wir äußerlich oder innerlich bereits erlebt haben.«[229] Weltverlorenheit und -verbundenheit manifestieren sich im Traum auf die sonderbarste Weise. Der vollkommene Ich-Verlust im Schlaf korreliert mit der Intensität des Traumes, die eine intime und abenteuerliche Ich-Erfahrung sein kann und die in keinem anderen Zustand je in ähnlicher Form bewerkstelligt werden könnte. Aus einem Traum zu erwachen kann eine Erlösung sein und das Gegenteil. Träume haben Zugriff auf vergessen geglaubte Gedächtnisinhalte. Und nicht nur das: Der Traum ermöglicht es dem Träumenden mit unwahrscheinlicher Reproduktionskraft sich an »ganz abgelegene und selbst vergessene Vorgänge aus fernster Zeit«[230] zu erinnern, heißt es bei Freud.

Für Nietzsche geht der Traum noch tiefer in die Geschichte unseres Wesens zurück. Er war davon überzeugt, dass Menschen »im Schlaf und Traum das Pensum früheren Menschenthums noch einmal«[231] durchmachen. Und tatsächlich: Aus tiefem Traum erwacht man manchmal wie aus einem Trip durch längst vergangene Zeiten, wie aus einem archaischen Bewusstseinszustand. Die Tiefenstaffelung des Traumgedächtnisses sei eines der größten Mysterien der inneren Struktur des Menschen und gleichzeitig ein Faszinosum ohne Vergleich. Es umfasst nämlich nicht nur die dominanten emotional besetzten Erlebnisse der jungen Vergangenheit, sondern auch »Bilder von Personen, Dingen, Lokalitäten und Erlebnissen der frühesten Zeit, die entweder nur ein geringes Bewusstsein oder keinen psychischen Wert besaßen oder längst das eine wie das andere verloren hatten«[232]. Also nicht die mächtigen und lebensverändernden Episoden des Lebens scheinen bevorzugt der Rohstoff für Träume zu sein, sondern vielmehr die völlig irrelevanten, nebensächlichen Dinge, die man nicht mal bewusst im Gedächtnis behalten wollte. Der Traum nivelliert die Qualitäten des Wachzustandes in mehrfacher Hinsicht. Der Träumende selbst gleicht sich dem anderen an. Alle, die träumen, sehen von außen gleich aus. Die Inhalte des Traumes verschieben alle Regeln und Maßstäbe das Wachlebens ins bisweilen Bizarrste. Freud spricht in diesem Zusammenhang von der »sonderbare(n) Vorliebe des Traumgedächtnisses für das Gleichgültige und darum Unbeachtete«[233]. Eine interessante Erkenntnis in Folge der scheinbar irrelevanten Nebensächlichkeiten im Traumgedächtnis ist die Tatsache, dass nichts wirklich vergessen wird, was je in unserer Wahrnehmung war. Und doch kann man auch hier einwenden, dass die angenommene Erinnerung auch nur der Einbildung des vom Schlaf aufgewachten Bewusstseins entspringt. Freud formuliert hierzu ein Dilemma, das jeden Versuch der Traumdeutung begleitet: »[U]nser Gedächtnis kennt überhaupt keine Garantien, und doch unterliegen wir viel öfter, als objektiv gerechtfertigt ist, dem Zwange, seinen Angaben Glauben zu schenken.«[234] Ob das vermeintlich Erinnerte auch wirklich den Ereignissen entspricht, die sich in der Kindheit zugetragen haben, lässt sich nicht mit Sicherheit sagen. So wird das Traumgedächtnis schnell zum weiteren Spielfeld des Traumes.

Was ist dann der Traum eigentlich? Zwei allgemeine Charakteristiken lassen sich mit einiger Sicherheit festhalten: »Zu den wesentlichen Merkmalen des Traumes gehört a) daß die subjektive Tätigkeit unserer Seele als objektiv erscheint, indem das Wahrnehmungsvermögen die Produkte der Phantasie so auffaßt, als ob es sinnliche Rührungen wären; b) der Schlaf ist eine Aufhebung der Eigenmächtigkeit. Daher gehört eine gewisse Passivität zum Einschlafen. Die Schlummerbilder werden durch den Nachlaß der Eigenmächtigkeit bedingt.«[235] Der Schlaf als Bedingung des Traumes bedingt ein Aufgeben der Autonomie über mich selbst, also ein mich Hingeben an einen Prozess (des Einschlafens), den ich weder lenken noch forcieren kann. Das Hinlegen, sich Zudecken, das Löschen der Nachttischlampe gehören zur aktiven Veräußerung der von Freud zitierten Eigenmächtigkeit. Der Einzelne, der dann wach im Bett liegt und auf den Schlaf wartet, muss den Verlust der Macht über sich akzeptieren und sich von der Eigendynamik des Einschlafens mitnehmen lassen. Dieser eigenartige Prozess des von der Müdigkeit-übermannt-Werdens, des Verlorengehens des Bewusstseins mündet dann in jenes Traumerleben, das in seinen eigenen Koordinaten ein spukhaftes Nebenleben in der Psyche des Träumenden veranstaltet. Und dieses vollständig für sich stehende, anarchische Eigenleben des Traumes bleibt dem Individuum – obwohl es das Innigste ist, das ihm widerfährt – äußerlich.

Ein weiterer außerordentlicher Widerspruch tut sich an dieser Stelle auf: Der Traum, als die »Offenbarungsweise der Wesenheit des Menschen und des Lebens eigentümlichster und innigster Proceß«[236], verwirklicht sich in vollständiger Distanz zum bewussten Erleben des Einzelnen. Denn dieser verliert ja mit dem Einschlafen konkret den Bezug zur Welt und zu sich selbst. Ihn zeichnet eine prinzipielle »Weltlosigkeit« und »Ichlosigkeit«[237] aus. Der Schlafende erlebt die Welt und sich selbst nicht mehr. Beide Kategorien existieren für ihn nicht. Mit dem Einschlafen erlebt er zudem die Überführung des eigenen Erlebens in eine andere Dimension. Und dieses »Traumerleben« ist aus Sicht des wachen Bewusstseins ein Moment der existentiellen Diskontinuität.

Der Schlafende – das bemerkte Günther Anders einmal treffend – ist ein zutiefst a-historisches Wesen. »Sein Leben gleicht nicht einem Strom bewusster Erfahrungen, sondern es gibt Unterbrechungen, Leerstellen, ein Nichtsein, das nur durch die Absicherung der Schlafstätten und den Glauben an das Aufwachen jeden Morgen wieder in ein Sein transformiert werden kann.«[238] Die Tatsache des Schlafes und Traumes relativiert den Menschen als historisches Wesen und als Wesen mit einer stringenten Identität. Die allnächtlichen Brüche verfrachten ihn in eine Nebensphäre, die genauso zu ihm gehört wie die Sphäre des wachen Bewusstseins. Bewertet man einmal nicht den Schlaf aus Sicht des Wachzustands, sondern anders herum den Wachzustand aus Sicht des Schlafenden, so käme eine Überlegung dabei heraus, die gerade nicht den wachen

Menschen (der auch schläft) ins Zentrum der Betrachtungen stellen würde, sondern den Schlafenden (der auch wacht). Die Nebensphäre des Schlafes würde zur Hauptsphäre werden.

Und der Gedanke ließe sich weiterführen, in dem man eine bisher noch nicht besprochene, versteckte Qualität des Schlafes fokussieren würde. Denn der Schlaf scheint den Menschen auf etwas zurückzuwerfen, was ihn mit der Welt und seiner Herkunft aufs Innigste verbindet. Der Schlaf »wird selber zur Rückkehr in die vordenkliche Welt«, schrieb der französische Philosoph Jean Luc Nancy einmal, »in die Welt unterhalb der Welt, in die Welt der dunklen Götter, die kein schöpferisches Wort sprechen«[239]. Schlafen ist ein natürlicher Zwang, wie andere Zwänge der Lebenserhaltung. Der Mensch wird im Schlaf dem Tier ähnlich, das auch Ruhezeiten braucht, um die lebenserhaltenden Aktivitäten im Wachzustand zu meistern. Wenn man schläft, ist man verschollen in einem Zustand vollständiger Passivität, die wiederum Voraussetzung für die Aktivitäten im Wachzustand sind. Der Schlaf und mit ihm der Traum werden so zur eigenartigen dialektischen Bedingung des Lebens. Dabei gilt noch in der griechischen Antike Hypnos, der Gott des Schlafes, als Bruder des Thanatos, des Gottes des Todes. Die Nähe des Schlafes zum Tod könnte so gesehen als eine Art Antizipation des Todes wahrgenommen werden. Der Schlaf als Vorwegnahme des Todes, von dem man am Morgen aber immer wieder erwacht. Die »freudige Nothwendigkeit der Traumerfahrung ist gleichfalls von den Griechen in ihrem Apollo ausgedrückt worden: Apollo, als der Gott aller bildnerischen Kräfte, ist zugleich der wahrsagende Gott. Er, der seiner Wurzel nach der ›Scheinende‹, die Lichtgottheit ist, beherrscht auch den schönen Schein der inneren Phantasie-Welt.«[240]

Was, wenn das Leben ein einziger langanhaltender Traum wäre, der uns nur wie Wachsein vorkommt? Schopenhauers berühmter Passus lässt eher an einen Alptraum denken: »Aus der Nacht der Bewusstlosigkeit zum Leben erwacht findet der Wille sich als Individuum, in einer end- und gränzenlosen Welt, unter zahllosen Individuen, alle strebend, leidend, irrend; und wie durch einen bangen Traum eilt er zurück zur alten Bewusstlosigkeit.«[241] Der Traum oder vielleicht auch der Alptraum als Lebensepisode, als Aufglühen des »Willens«, der uns einen verzerrten Einblick in so manches Prinzip der wahren Existenz hier auf der Erde gewährt. Nicht zufällig spricht Schopenhauer hier vom Individuum. Der bange Traum des Lebens markiert den tragischen Weg zur Individualität. Die Entwicklung eines Bewusstseins über die Begrenzung des Selbst auf die eigene Vorstellung, die eigene Wahrnehmung, das eigene Wesen in einer schier endlosen Welt, hat mit Schmerzen zu tun.

Das Sichherausschälen des Einzelnen aus dem Boden der Natur geht auf ein beharrliches Streben zurück, das bei uns Menschen als außerordentlich begriffen werden muss. Die Energie des Urwillens, die alle Lebewesen durchzieht, führt nur beim Menschen zu jener sublimen Ausprägung, die in einem wachen Bewusstsein und in der Selbstreflexion kulminiert. Doch sobald der Mensch auf die Anhöhe der Individualität gestiegen ist, tun sich zu allen Seiten die Abgründe auf, die ihm das Leben unterbreitet. Die Welt wird dann zum »Tummelplatz gequälter und geängstigter Wesen, welche nur dadurch bestehen, dass eines das andere verzehrt, wo daher jedes reißende Thier das lebendige Grab tausend anderer und seine Selbsterhaltung eine Kette von Martertoden ist, wo sodann mit der Erkenntniß die Fähigkeit Schmerz zu empfinden wächst, welche daher im Menschen ihren höchsten Grad erreicht und einen umso höheren, je intelligenter er ist«.[242] Je gebildeter, je feiner, je intelligenter das Wesen, desto sensibler die Wahrnehmung des Einzelnen für die Brutalität des Lebens, den unerbittlichen Kampf aller gegen alle. Der schmerzhafte Weg zur Individualität verweist auch auf das zu sich kommende Bewusstsein über die Rohheit der menschlichen Existenz. »Die Wahrheit ist: wir sollen elend seyn, und sind's. Dabei ist die Hauptquelle der ernstlichsten Uebel, die den Menschen treffen, der Mensch selbst: homo homini lupus.«[243] Der Mensch als Raubtier, gequält und verängstigt, in einer kurzen Episode auf der Welt, sich darüber im Klaren, dass er sterben muss, ist wie kein anderes Wesen aber auch zu Lust und Leidenschaft imstande.

Lust und Leid stehen in einer engen Beziehung. »Uns organische Wesen«, schreibt Nietzsche in *Menschliches, Allzumenschliches*, »interessirt ursprünglich Nichts an jedem Dinge, als sein Verhältnis zu uns in Bezug auf Lust und Schmerz«.[244] Ein Verhältnis, das Nietzsche im *Zarathustra* unvergleichlich mit folgendem Gedicht besang: »Die Welt ist tief, / Und tiefer als der Tag gedacht. / Tief ist ihr Weh –, / Lust – tiefer noch als Herzeleid: / Weh spricht: Vergeh! / Doch alle Lust will Ewigkeit –, / will tiefe, tiefe Ewigkeit!«[245] Das tiefe Leid und die nach Ewigkeit strebende Lust – zwischen den Polen spannt sich das Innenleben des Menschen auf. Sie szillieren darin und verfolgen dabei alle das gleiche Ziel: die Schmerzvermeidung und Lustvermehrung. Dabei gehört der Schmerz – der Seelenschmerz – zum Leben dazu und erzeugt erst das Bedürfnis nach lustvollen Momenten. An anderer Stelle vertieft er sich in den Zusammenhang von tiefer Reflexionsfähigkeit und Schmerz. Seiner Ansicht nach geht jedem tiefen Gedanken ein bestimmtes Maß an Qual voraus. Dieses Spannungsverhältnis zwischen Denkvermögen und Leid macht uns zu den tiefen Wesen, die wir sind. »Wir sind keine denkenden Frösche, keine Objektivir- und Registrir-Apparate mit kalt gestellten Eingeweiden, – wir müssen beständig unsere Gedanken aus unserem Schmerz gebären und mütterlich ihnen Alles mitgeben, was wir von Blut, Herz, Feuer, Lust, Leidenschaft, Qual, Schicksal, Verhängnis in uns haben.«[246]

Die Aufzählung macht deutlich, dass der tiefe Gedanke nicht ohne den kräftezehrenden Wahnsinn, der uns Menschen innewohnt, zu haben ist. Der Schmerz als Begleiterscheinung gedanklicher Tiefe ist auch der Schmerz, der uns zwingt, die geistige Komfortzone zu verlassen und Dinge infrage zu stellen, die womöglich mal als Wahrheit galten. Sich selbst in Distanz zur Welt, zu den Mitmenschen und zu sich selbst zu denken, tut weh, führt aber zu der diffusen inneren Gemengelage, aus der sich gehaltvolle Vorstellungen destillieren lassen. Der Schmerz macht uns nicht zwangsläufig zu besseren Menschen, er macht uns weder schlauer noch humaner, aber er bringt uns in ein Verhältnis zu uns selbst, bei dem wir uns als verletzt, als verwundet begreifen lernen müssen. Im Zustand starker physischer Schmerzen wird uns unsere Körperlichkeit aufs Unausweichlichste bewusst. Wir können nicht anders, als der Körper im Aggregatzustand des Schmerzes sein. Es gibt für uns keine Alternative zu diesen Körpern und müssen es ertragen, ein von Leid geplagtes Objekt zu sein.

Die subjektive Erfahrung von starken anhaltenden Schmerzen hat immer etwas Vereinsamendes und Klaustrophobisches an sich. Der Leidende ist immer auch in sein Leid eingeschlossen. Wie ein Keil zwischen mir und die Außenwelt getrieben separiert der Schmerz. Er zeigt uns schonungslos unsere Grenzen auf. »Erst der große Schmerz, jener lange langsame Schmerz, in dem wir gleichsam wie mit grünem Holze verbrannt werden, der sich Zeit nimmt –, zwingt uns Philosophen in unsere letzte Tiefe zu steigen und alles Vertrauen, alles Gutmütige, Verschleiernde, Milde, Mittlere, [...] von uns zu tun.«[247] Und dies wäre die positivste Eigenschaft des Schmerzes. Er zwingt uns, unser sicheres Terrain zu verlassen, uns weiterzuentwickeln, uns zu verbessern. Denn die Lust will man immer wieder von neuem so, wie sie ist, unverändert. Im lustvollen Moment sind wir unmittelbar mit der Welt verbunden, ihr zugehörig und eingebettet in einen Kontext, in dem wir in einer Tätigkeit voll aufgehen. Hier braucht es keinen Perspektivwechsel, keine Flucht. »Aber alles, was leidet, will leben, dass es reif werde und lustig und sehnsüchtig – sehnsüchtig nach Fernerem, Höherem, Hellerem.«[248]

Was könnte je die Sehnsucht nach Höherem besser ausdrücken als die Affinität des Menschen zur Kunst? Nach Nietzsches Überlegungen geht dem kreativen Prozess eben genau die oben beschriebene Schmerzlogik voraus: Schmerz, nicht nur als Katalysator für gehaltvolle Gedanken, sondern auch als Impulsgeber für tiefgreifende kreative Verfahrensweisen, auf die der Einzelne zurückgeworfen ist und ohne die er nicht kann. Das seelische Leiden wird so erstmal zur Conditio sine qua non für künstlerisches Schaffen schlechthin – ein Schaffensprozess wohlgemerkt, der eine bestimmte inhaltliche Tiefenstaffelung enthält. Zudem macht das Leid den Nebenschauplatz der Kunst zur Hauptbühne, die höhersteht als die schnöde Realität. Der Schmerz an der Wirklichkeit als Ursache zur Flucht in eine synthetische Daseinsform. Letztere beschäftigt sich nicht mit irgendeinem trivialen Gegenstand, sondern geht direkt auf die Grundkonstellationen des Lebens los. Gehaltvolle Kunst verarbeitet die großen, wesentlichen Fragen, die das Leben stellt. Es geht ihr um das »unabhängig von aller Relation bestehende, allein eigentlich Wesentliche der Welt«, den hinter den Erscheinungen liegenden wahren Gehalt, »das keinem Wechsel unterworfene und daher für alle Zeit mit gleicher Wahrheit Erkannte«. Für Schopenhauer ist Kunst nicht nur eine von vielen Möglichkeiten, den Zwängen und Ausweglosigkeiten des Lebens zu entkommen, sondern *kat exochen* die einzige. Kunst »reißt das Objekt ihrer Kontemplation heraus aus dem Strome des Weltlaufs und hat es isolirt vor sich: und dieses Einzelne, was in jenem Strom ein verschwindend kleiner Theil war, wird ihr ein Repräsentant des Ganzen, ein Aequivalent des in Raum und Zeit unendlich Vielen: sie bleibt daher bei diesem Einzelnen stehen: das Rad der Zeit hält sie an: die Relationen verschwinden ihr: nur das Wesentliche, die Idee, ist ihr Objekt. – Wir können sie daher geradezu bezeichnen, als die Betrachtungsart der Dinge unabhängig vom Satze des Grundes«[249].

Kunst lässt den Einzelnen aus dem Kontinuum der Zeit und des Raumes heraustreten und vollbringt so eine exklusive Distanzierung vom kruden Urwillen, der alles Leben gewaltsam durchdringt. In der Situation der Kunst – und nur da – erfährt sich der Mensch als rein ästhetisches Wesen, das den Notwendigkeiten seines physischen Daseins entkommen kann. So kommt es, dass das Bewusstsein ganz der Erkenntnis hingegeben ist und dadurch dem Wollen entzogen ist, aus welchem alle Leiden hervorgehen. Es geht also – nimmt man die Überlegungen Nietzsches und Schopenhauers zusammen – um die aus dem Leid erzeugte Kunst, die Momente der leidlosen »objektiven Kontemplation« ermöglicht: Kunst bewegt sich so gesehen in einem steten Perpetuum mobile des Leidens und der Leiderlösung. Oder wie Schopenhauer es mit etlichen Rückgriffen auf die griechische Mythologie umschreibt: Das Subjekt des Wollens liegt »beständig auf dem drehenden Rade des Ixion, schöpft immer im Siebe der Danaiden, ist der ewig schmachtende Tantalus.«[250] Erst über die Schönheit des Kunstwerks – schreibt er in seiner Metaphysik des Schönen – »sind wir herausgehoben aus dem Strom des Begehrens und Erreichens; die Erkenntnis hat sich los gemacht vom Sklavendienst des Willens, sie ist frei und für sich da«, ohne Zweckbindungen, ohne schnöden Willensdrang konzediert uns die Kunst eine überlebensnotwendige Pause von »der Zuchthausarbeit des Wollens, das Rad des Ixion steht still«.[251] Und in diesem Moment des Stillstandes geht es darum, sich »rein anschauend zu verhalten«, sich seiner Persönlichkeit »auf eine Zeit völlig zu entäußern, um als rein erkennendes Subjekt, klares Weltauge, übrig zu bleiben«.[252]

Diese Fähigkeit, sich den Nöten des Lebens entziehen zu können, um in einen Zustand ästhetischen Wohlgefallens zu geraten, ist bei Schopenhauer zentral. Das Objekt der Anschauung ist dabei gar nicht so wichtig. Sowohl Kunstwerk als auch das Schöne der Natur können sich eignen. Das ästhetische Wohlgefallen »mag durch ein Werk der Kunst oder unmittelbar durch die Anschauung der Natur und des Lebens hervorgerufen sein«.[253] Die Abkehr vom Objekt der Anschauung und die Reflexion der inneren ästhetischen Haltung sind also kennzeichnend für Schopenhauers Überlegungen zur Kunst. Und hier sind es der stete Wille zur Form und die episodenhafte Aufhebung des quälenden Strebens in der kontemplativen Betrachtung, an die später Nietzsche anschließt. Er erweitert Schopenhauers Theorie um die berühmt gewordene »Duplicität des Apollinischen und Dionysischen«. Das Dionysische entspricht der rauschhaften Bejahung des Willens. Letzterer als un- bzw. überpersönliche Kraft, die den Menschen zu kreativen Höchstleistungen antreibt. Der dionysische Rausch als rasende Affirmation einer Naturgewalt, die alles Ich-Bewusstsein, alle rationalen und ordnenden Energien konterkariert. »Unter dem Zauber des Dionysischen schliesst sich nicht nur der Bund zwischen Mensch und Mensch wieder zusammen: auch die entfremdete, feindliche oder unterjochte Natur feiert wieder ihr Versöhnungsfest mit ihrem verlorenen Sohne, dem Menschen.« Und dieser Mensch ist im dionysischen Rausch nicht mehr er selbst, er hat sich so weit von sich entfernt, dass er in totaler »Selbstvergessenheit« in ein Stadium des vorbewussten Naturzustandes eingeht.

Dieses Ich-lose Naturwesen ist das formlose Material, aus dem sich das menschliche Kunstwerk formen lässt. »Der Mensch ist nicht mehr Künstler, er ist Kunstwerk geworden: die Kunstgewalt der ganzen Natur, zur höchsten Wonnebefriedigung des Ur-Einen, offenbart sich hier unter den Schauern des Rausches.«[254] Dem künstlerischen Schaffensprozess geht eine Phase der Subjektlosigkeit, des Ich-Verlustes voraus. In der größten Distanz zu sich als Individuum, im Aufgehen im überindividuellen Substrat seines Wesens, in einer Art Latenzphase präästhetischer Bewusstlosigkeit steckt der Keim für den darauffolgenden authentischen kreativen Akt. Das gelungene Kunstwerk, das in der Folge mannigfaltigen formästhetischen Analysen unterliegt, geht zurück – und hier wäre der Wahrheitsgehalt desselben zu verorten – auf die rauschhafte Verwandlung des Künstlers selbst in ein Kunstwerk, also eine Art passives Erfasstwerden durch das Material seiner Kunst. Dieses aktiv-passive Moment des Künstlers als Kunstwerk der Natur kolportiert ein ungemein zeitloses Thema. Der Kunstschaffende, der nicht anders kann, der von seinen Intuitionen, seinem Gefühl erfasst wird und willenlos das verarbeitet und ausarbeitet, was ihm sein Wesen, seine Natur diktiert.

An keinem anderen Segment der Kunst lässt sich dieser eigenartige aktiv-passiv-neutrale Weltbezug des Menschen so verdeutlichen wie an der Musik. Musik ist das Medium, das »das wahre Wesen der Welt so tief und unmittelbar erkennen lässt, wie kein anderes«[255]. Keine Kunstgattung entwickelt eine so dynamische Intensität wie sie. Das lässt sich zurückführen auf eines ihrer Hauptcharakteristika: die Zeitlichkeit. Werke der Bildenden Kunst bspw. sind auf ihre Weise der Zeit gegenüber indifferent. Nicht so bei der Musik – Musik nimmt den Hörer aus der Welt bzw. aus der »Weltzeit« und zwingt ihn in ihre eigene »musikalische Zeit«. Günther Anders bezeichnet die Eigenzeitlichkeit der Musik als »Enklave im geschichtlichen Kontinuum des menschlichen Lebens«[256]. Am Beispiel der Kapellenmusik während des Schiffsunglücks der Titanic verdeutlicht er die Enklavenhaftigkeit der musikalischen Situation: »[S]pielte beim Untergang der ›Titanic‹ die Kapelle, so verhinderte sie nicht nur den Einbruch der realen Lebenszeit, sondern deren Abbruch, und hielt ihn draußen; von jenem musikalischen Zeitleben aus [...] war die Aussicht auf den Tod versperrt«[257]. Das Ende des eigenen Lebens ist – selbst während des Schiffuntergangs – in der Musik »vergessen«. Musik schafft dabei aber nicht nur ihre Eigenzeitlichkeit, sondern entwickelt darin auch so etwas wie Lebendigkeit. Sie »entreißt in der Zeit dem Leben sein eigentliches Medium und seine Bewegungskraft« und »lebt nun auf Kosten des in Zeit sich realisierenden Lebens ein spukhaftes Nebenleben«.[258]

Charakteristisch für die Musik ist in diesem Zusammenhang ihre Unabbildbarkeit. Ihr entspricht kein greifbares Medium (wie die Leinwand), sondern sie ist selbst ihr Medium und dabei in außerordentlicher Weise ungegenständlich und prozesshaft. Die Zeitlichkeit (von Musik) ist vielleicht das wichtigste Thema Hegels. »Die Zeit« ist bei ihm nichts weniger als »das Sein des Subjekts selber«[259]. Dieses ist in seiner Endlichkeit der Zeit untertan, »das Wahre dagegen, die Idee, der Geist, ist ewig«[260]. Musik, als aus der absoluten Sphäre des Geistes stammend, steht dem Einzelnen zwar gegenüber, aber dringt auch auf geheimnisvolle Weise in ihn ein. Musik verdeutlicht, »dass unsere innere und äußere Welt in geheimnisvoller Weise aufeinander abgestimmt sind, dass wir nicht irgendwie in zufälliger Weise als empfindende und denkende Subjekte in die Welt des Objektiven hineingerieten und ihr zusammenhanglos gegenüberstehen«.[261] Dabei kommt für Hegel der Kunst die Rolle zu, die beiden Gegenüber zu »versöhnen«.[262] Demgemäß darf die Musik in »diesem Gegensatz [...] nicht stehen bleiben, sondern erhält die schwierige Aufgabe, ihn ebenso in sich aufzunehmen als zu überwinden, indem sie den freien Bewegungen des Gemütes, die sie ausdrückt [...] einen sicheren Grund und Boden gibt, auf dem sich dann aber das Innere [...] entwickelt«.[263]

Musik bleibt so gesehen nicht objektiv, sondern entspricht der Innerlichkeit des Menschen, insofern als Musik das Medium ist, über das »subjektive Innerlichkeit« unmittelbar kommuniziert werden kann. Sie entspringt einer »Kunst des Gemüts, welche sich unmittelbar an das Gemüt selber wendet«[264]. Der Mensch wird zum Medium der Musik gleichermaßen wie die Musik Medium der »freien Bewegungen des Gemüts« wird. Diese Bewegungen des Gemüts interessierten Anders besonders. Er erarbeitete eine Theorie, in der er sich intensiv mit dem – in vielerlei Hinsicht – eigenartigen Moment des Musikhörens auseinandersetzte. Ihm ging es hierbei explizit nicht um die Analyse der Musik selbst, sondern vielmehr um die genaue Betrachtung eines »medialen« Zustandes, den Musik erzeugt. Und diese Betrachtungen galt es vorbehaltlos zu deuten. Im Sinne Husserls – bei dem er studiert hatte – sollte jede originäre Anschauung ohne Vorerkenntnis, ohne Vorurteil hingenommen werden, da jedes Vorurteil seine »Wahrheit selbst wieder nur aus den originären Gegebenheiten schöpfen könnte«[265].

Musik ist für Anders so zu rezipieren, wie sie ist. Keine theoretische Vorkenntnis und kein geschultes Ohr sind dafür notwendig. Musik erzeugt aus sich selbst heraus eine Art Zwischenzustand, in dem der Hörer sich befindet und in dem er nicht Subjekt und auch nicht Objekt ist. Die Situation der Musik ist nicht Aktivität und nicht Passivität, sondern etwa eine Mischform subjektiver Objektivität, eine Art richtungsloser und gleichzeitig zuständlicher Bewegungssinn. Der Akt des Musikhörens kommt der Charakteristik des Riechens dabei viel näher als der des Sehens.[266] Riechen wäre an sich kein eigentlicher intentional gerichteter »Akt«, sondern vielmehr von außen – vom Geruch her – ein Akt stimmungsmäßigen »Zumute-seins«. Die Formulierung »es riecht nach« deutet, so Anders, auf einen Zustand hin, indem man von dem Geruch viel eher »erfasst«[267] ist, als dass man aktiv riechen würde.

In der Einheit von Akt und Stimmung kann nun Musik – ganz ähnlich wie der Geruch – den Menschen erfassen, ihn sogar überwältigen. In Anlehnung an Kants Ausführungen zur Einbildungskraft beschreibt Anders die Einheit von Akt und Stimmung als auf der einen Seite rezeptiv und auf der anderen Seite spontan bildend in einem. Der Mitvollzug ist insofern schaffend und hinnehmend. Der Hörer reproduziert demnach den musikalischen Gegenstand im Mitvollzug immer wieder von Neuem – man hört demnach, als sänge man. Dabei gilt, dass die jeweilige musikalische Situation bald eine eher aktive, bald eine eher passive sein kann. Was bedeutet das nun konkret für das Hören verschiedener Arten von Musik? Das Hören bzw. das Lauschen auf impressionistische Musik ist laut Anders ein eher subjektives Ereignis, also weniger intentional. Sie ist bloßes »Mit-sein«. Eine Bach'sche Fuge wiederum erzeugt Aktivität. Sie ist eher »mitmachend«. Anders ausgedrückt: Die Musik von Bach wird intentionaler mitvollzogen, während impressionistische Musik (Debussy) passiv (aber dennoch tätig) erlebt wird. In jedem Fall verwandelt Musik den Menschen.

Doch wie sind diese Verwandlungen möglich? Was ist die Bedingung der Möglichkeit der Verwandlung des Menschen in der musikalischen Situation? Es ist die grundsätzliche Veränderbarkeit bzw. Umstimmbarkeit des Menschen. Der Mensch ist das »nicht festgestellte Tier«, das über Musik verändert werden kann. Er ist der synchrone Vollzug zweier Zustände in der Situation der Musik: Der Mensch ist zum einen »In-Musik« und zum anderen in einer Dimension seiner selbst. Auch hier steht ihre unmittelbare Vergänglichkeit als Hauptcharakteristikum im Mittelpunkt. Hegel spricht in diesem Zusammenhang vom musikalischen Material, das »haltlos ist und in seinem Entstehen und Dasein selbst schon wieder verschwindet«[268]. Der Ton synthetisiert sich gewissermaßen immer in einem besonderen Spannungsverhältnis zwischen Noch-nicht-da-Sein und Wieder-verschwunden-Sein als momentan »in-Erscheinung-tretend«[269]. Das Hören ist insofern »Ertönenmachen«, als es seinen Gegenstand selbst erschafft. Es ist auf sonderbare Weise unintentional und doch gerichtet, passiv und doch aktiv. Anders spricht in diesem Zusammenhang von einem Akt, der »im Grunde identisch« ist »mit dem stummen Singen«[270].

Zentral ist hier das Lauschen. Lauschen ist mehr als nur ein spezieller Hörakt. Es besitzt für sich genommen eine eigene Dramaturgie, die mit dem »Ahnen« beginnt. Hier ist der Mensch bereit, aufgeschlossen für das zu Erlauschende. Der Einzelne öffnet sich, um in eine neue Sphäre überzutreten, aber vernimmt im Moment de facto nichts, Stille. In dieser Stille – dem eigentlichen Medium des Lauschens – erahnt er etwas, das kommen mag und nicht von dieser Welt ist. Der Mensch »lauscht« in die Stille und gleichzeitig in eine hinter den Erscheinungen liegende, andere Welt hinüber. Diese ursprüngliche Fähigkeit des Menschen, so feinsinnig über das Akustische in eine andere Sphäre hinüberzutreten, verweist auf eine spirituelle Dimension der musikalischen Situation. Mit ihr attestiert Anders dem Menschen seine Möglichkeit zur (musikalischen) Transzendenzerfahrung. Die »spezifische Möglichkeit des Akustischen«[271] deutet weiterhin auf die spezifische Möglichkeit bzw. Freiheit des Menschen der Welt und sich selbst gegenüber hin. Mit dem »vorakustischen Sich-selbst-Lauschen«, der Lauschhaltung an sich also, wird auf eine Fähigkeit verwiesen, die den Menschen in seiner Sonderstellung charakterisiert. Eine Sonderstellung, die den Künstler in eine Art metaphysische Daseinsform verfrachtet. Der Künstler als Archetyp, der sich mit seinen grenzüberschreitenden Gesten an der mystischen Unerklärlichkeit des Lebens abarbeitet. Nietzsche sah nach dem Fall der Religionen, nach den großen Welterklärungsversuchen, die sich allesamt als Schwindel erwiesen hatten, nur noch im ästhetischen Leben einen höheren Sinn.

In diesen höheren Raum stößt Nietzsche vor und stellt fest, dass im Grunde alles sprachlich Kommunizierbare, allem voran das Moralische, nur noch Interpretationssache ist. »Mein Hauptsatz: es giebt keine moralischen Phänomene, sondern nur eine moralische Interpretation dieser Phänomene. Diese Interpretation selbst ist außermoralischen Ursprungs.«[272] Doch wo war dieser außermoralische Ursprung zu finden? Die ganze Relativität der sprachlichen Verfahrensweisen des Menschen verwies auf die Notwendigkeit eines ursprünglicheren Mediums bei der Suche nach Wahrheit: die Kunst. »Den Ort des Außermoralischen zu bestimmen, war ein Programm gewesen, das Nietzsches Werk nahezu von Anfang an durchzogen hatte. Schon in der Geburt der Tragödie aus dem Geiste der Musik hatte er mit dem folgenreichen Versuch, das Dasein einzig und allein ästhetisch zu rechtfertigen, das Außermoralische in doppelter Hinsicht versinnlicht: indem der Sinn des Daseins selbst der sinnlichen Wahrnehmbarkeit und Konstruktion der Welt überantwortet war. Der Sinn steckte damit tatsächlich in den Sinnen, die selbst jenseits der Wahrheit und der Moral zu denken waren.«[273] Er kehrte immer zu diesem Programm zurück, das sich aus der »radikalen Trennung der Kunst von den Ansprüchen der Moral« entwickelte. Er vertrat eine zutiefst ästhetische Lebensführung, die »im Willen zum Schein, in der ursprünglichen Lust an der Illusion, die letzte Triebfeder des Handelns sieht. Damit, so könnte man sagen, wird im außermoralischen Sinn, der Wille zur Täuschung als Ausdruck des Willens zum Leben zur letzten und eigentlichen Triebfeder des Daseins und seiner Formation, die Kunst zum Ausdruck und Modell einer Kraft, die betrügt, um jene Lust zu befriedigen, die allem vorrangig ist.«[274]

Der Philosoph, der diese Illusion durchbrechen will, wird auf eine Wahrheit stoßen, der er vielleicht nicht gewachsen war: Er wird ein Wesen vorfinden, das nur vordergründig als gut und human bezeichnet werden kann und gleichzeitig »auf dem Gierigen, dem Unersättlichen, dem Ekelhaften, dem Erbarmungslosen, dem Mörderischen«[275] – Sigmund Freud würde es die unbewussten Triebe nennen – sein Dasein bestreitet, »in der Gleichgültigkeit seines Nichtwissens und gleichsam auf dem Rücken eines Tigers in Träumen hängend«.[276] Und »wehe der verhängnisvollen Neubegier, die durch eine Spalte einmal aus dem Bewußtseinszimmer heraus und hinabzusehen vermöchte«[277], wer dieser Neugier folgen würde, also dem Raum des Bewusstseins, all seinen Täuschungen, Illusionen und Lügen, entkommen würde, würde es nicht aushalten in der Kälte der wahren Umstände. Deswegen musste er kreativ werden.

Der Mensch ist in eminenter, lebenserhaltender Weise Künstler. Er muss es sein, da er sonst verrückt werden würde. Der intuitive und ästhetische Mensch war so gesehen nicht nur irgendein Lebenskünstler, sondern derjenige, der alternativlos zurückgeworfen war auf seine Kunst, die ihn überhaupt nur am Leben halten konnte. Er konnte der erdrückenden Moralität der Rationalisten entkommen, in dem er seine Lüge zum Programm machte und ästhetisch wurde. Nietzsche spricht »von der Kunst als der höchsten Aufgabe und der eigentlich metaphysischen Tätigkeit dieses Lebens«[278]. Die Sinnlosigkeit und qualvolle Leere des Lebens in der Moderne lässt sich nur mit Kunst ertragen. Nur sie »vermag jene Ekelgedanken über das Entsetzliche oder Absurde des Daseins in Vorstellungen umbiegen, mit denen sich Leben lässt«.[279] Und nicht nur das: Kunst vertreibt nicht nur Ekelgedanken und biegt nicht nur die Vorstellungen – im schopenhauerischen Sinne – in eine richtige Richtung. Sie ist indirekt geäußerter Wille und so an der Wahrheit des Lebens dran. Der Tummelplatz gequälter Seelen, die alptraumhafte Episode des menschlichen Lebens mit all der Gewalt und Sinnlosigkeit macht aus künstlerischer Sicht plötzlich Sinn. Der Mensch, die Welt, das Leben wird zum Kunstwerk, »denn nur als ästhetisches Phänomen«, schreibt Nietzsche in seiner Tragödienschrift, »ist das Dasein und die Welt ewig gerechtfertigt«.[280]

Die ewige Rechtfertigung des Daseins und der Welt im ästhetischen Vollzug, der aber doch flüchtig sein muss. Es sei denn, man definiert Ewigkeit nicht als Unendlichkeit, sondern als einen Zustand außerhalb des Zeitlichen. In den Reflexionen von Aurelius Augustinus findet sich eine Passage, die sich explizit dieser Außerzeitlichkeit widmet. Seiner Schöpfungstheorie nach bestand vor der Erschaffung der Welt eben genau diese Zeitlosigkeit und mit dem Schöpfungsakt erst kam die Zeit dazu. Die Zeit als Schöpfung eines Gottes, der vor der Erschaffung von allem nichts tat. Der absolute Anfang ist gerade auf die Zeit bezogen absolut. Genauso wie das reine Nichts kann das »Bevor« bei diesem absoluten Anfang im Grunde nicht gedacht werden. Es gibt kein »vor«, weil Zeit nicht existierte. Das »Davor« ist dann das Gegenteil von Zeit. Und dieses Gegenteil nennt Augustinus die »Ewigkeit«[281]. Diese Ewigkeit hat genau genommen wenig mit der Unendlichkeit zu tun. Das Unendliche ist schon zu sehr in einen zeitlichen Kontext verwoben. Es ist eben das, was kein Ende nimmt. Das Ewige hingegen ist das, was mit Zeit schlichtweg nicht in Verbindung steht – das Außerzeitliche. Auch der Gedanke an die Zeit vor dem Urknall führt in einen ähnlichen Bereich. Zeit entsteht erst mit der Bewegung der Gestirne. Doch was ist das Zeitliche überhaupt?

Vernachlässigt man unser mechanisches Verständnis von Zeit, so werden die Ausführungen von Kierkegaard plausibel, der die Unterscheidung zwischen Vergangenem, Zukünftigem und Gegenwärtigem schlichtweg ablehnt. Wenn Zeit ein unendlicher Prozess ist, dann gibt es – so Kierkegaard – keinen festen Punkt, von dem aus man eine Einteilung der Zeit vornehmen könnte. Der Augenblick erscheint bei ihm als jenes Zweideutige, in dem »Zeit und Ewigkeit einander berühren« und wie in einem Vexierspiel »Zeit fort und fort die Ewigkeit abriegelt und die Ewigkeit fort und fort die Zeit durchdringt«. Bei ihm erscheint ganz hegelianisch das Ewige im Gegenwärtigen »als das aufgehobene Aufeinanderfolgen«. Ewigkeit synthetisiert mit dem Augenblick zu etwas, das man als außer-

bzw. unzeitlich beschreiben könnte. Hannah Arendt spricht in dem Zusammenhang vom »stehenden und fortdauernden Jetzt«[282] und spielt damit auf das »Nunc-stans«-Konzept der Antike an.[283] Sie unterscheidet zwei Zeitwahrnehmungen, die dem Menschen zukommen. Das denkende Ich steht bei ihr außerhalb aller Zeit und das empirische Selbst erlebt die Zeit als kontinuierliche Aufeinanderfolge von Gegenwartspunkten. Die objektive Zeit ist bei ihr ein indifferenter Fluss immerwährender Veränderung, bei der Vergangenheit, Gegenwart und Zukunft fließend ineinander übergehen. Dieses Kontinuum teilt nur das denkende Ich in drei Zeitmodi auf, die im steten Konflikt miteinander stehen. »Genauer gesprochen: Das Kontinuum ewigen Wandels der historischen Zeit spaltet sich aus seiner Perspektive in drei antagonistische Kräfte auf, und das denkende Ich hat dabei den Eindruck, im Herzen des Konflikts der Zeit mit sich selbst tätig zu sein – nämlich in der Gegenwart als jener Zeitdimension, wo die Kräfte der Vergangenheit und Zukunft frontal aufeinanderprallen.«[284]

Arendt bezeichnet die geschichtstranszendente Region von Nicht-Zeit als »Lücke zwischen Vergangenheit und Zukunft«[285]. Ein »Nirgends« als zeitloser und unsichtbarer Ort des Denkens. Ludwig Wittgenstein fasste die momentane Ewigkeit in einem Satz zusammen: »Wenn man unter Ewigkeit nicht unendliche Zeitdauer, sondern Unzeitlichkeit versteht, dann lebt der ewig, der in der Gegenwart lebt.«[286] Die Ewigkeit im Augenblick beschreibt das Verweilen an diesem zeitlosen Nirgends und mit ihm ein konsistentes Befinden im Hier und Jetzt, das fortwährende Gefühl der gegenwärtigen Ewigkeit oder »Zeitlosigkeit«, wie es Khalil Gibran in seinem Gedicht »Von der Zeit« umschreibt. Gibran nimmt hier Anstoß an der ins allgemeine Bewusstsein eingewanderten Unart der mechanischen Zeitmessung: »Ihr wollt die Zeit messen, die doch maßlos und unermeßlich ist. Ihr wollt euer Verhalten und sogar den Lauf eures Geistes nach Stunden und Jahreszeiten ausrichten. Aus der Zeit wollt ihr einen Fluß machen, an dessen Ufer ihr sitzen und ihm beim Fließen zusehen möchtet. Doch das Ewige in euch ist sich der Zeitlosigkeit des Lebens bewußt, und weiß, daß das Gestern nur die Erinnerung des Heute ist, und das Morgen der Traum vom Heute. Und das, was in euch singt und sinnt, verharrt noch in den Grenzen jenes ersten Tages, der die Sterne im Weltenraum verstreute.«[287]

Die Unermesslichkeit in Zeit und Raum hallt in uns Menschen nach. Sie ist in uns und strahlt durch uns hindurch. Der Gedanke gewinnt gerade ohne eine religiöse Erklärung, ohne ersten Beweger – im Sinne Augustinus' – eine spannende mystisch-naturwissenschaftliche Dimension. Wenn wir als Wesen – bestehend aus den gleichen Stoffen, aus denen die Sterne bestehen – in den schier unendlichen Bewegungen des Universums entstanden sind, dann ist es nur logisch, dass wir die gewaltigen zeitlichen und räumlichen Dimensionen auf irgendeine Weise spüren. Erstaunlich, wie Gibran diesen eigentlich fast unbeschreiblichen Zustand der Unzeitlichkeit auf den Punkt bringt: das Ewige in uns, das sich der Zeitlosigkeit des Lebens bewusst wird.

Wir sind Teil des Ganzen und bleiben in diesem Kosmos, der uns umgibt, selbst wenn wir sterben. Oder wie Goethe es in seinem Gedicht »Vermächtnis« besang: »Kein Wesen kann zu Nichts zerfallen! / Das Ew'ge regt sich fort in allen, / Am Sein erhalte dich beglückt! [...] Dann ist Vergangenheit beständig, / Das Künftige voraus lebendig, / Der Augenblick ist Ewigkeit.«[288] Die besungene Lebensform der Zeitlosigkeit verweist auf eine Tiefendimension in uns, die man im geschäftigen, uhrfixierten Alltag nur allzu schnell übersieht. Mehr noch: Die gestresste, hyperaufmerksame Gesellschaft, die permanent auf die Uhr schaut, kommt kaum mehr an diese Momente der Zeitlosigkeit heran. Zeitlosigkeit lässt sich nämlich nicht forcieren. Man kann andere und sich selbst kaum zur Ewigkeit im Augenblick drängen.

Oder doch? Aldous Huxley löste das Problem mit Meskalin: »Ich schluckte meine Pille um elf Uhr«, schreibt er in »Die Pforten der Wahrnehmung«. Und die ungewöhnliche Blumenzusammenstellung in einer Vase, die ihm am Morgen noch unangenehm aufgefallen war, verlor mit dem Einsetzen der eingenommenen psychoaktiven Substanz gänzlich an Bedeutung.

»Ich blickte jetzt nicht mehr auf eine ungewöhnliche Zusammenstellung von Blumen. Ich sah, was Adam am Morgen seiner Erschaffung gesehen hatte – das Wunder, das sich von Augenblick zu Augenblick erneuernde Wunder bloßen Daseins.« Huxley erkennt in dem Moment mit der Blumenvase etwas, das man im Buddhismus Shunyata nennt. Die Phänomene um das einzelne Bewusstsein (hier: die Blumen) sind dort leer oder vielmehr ohne Eigenexistenz. Sie erscheinen in einer Welt, die sich – wie bei Heraklit – im steten Fluss des Werdens befindet. Dem Einzelnen wird dieses Werden – das sich von Augenblick zu Augenblick erneuernde Wunder bloßen Daseins – bewusst. Huxley bezieht sich in seinen Meskalin-Reflexionen auf einen interessanten Begriff bei Meister Eckhart: die Istigkeit.

Ein Begriff, der das Paradoxale des zeitlosen Vollzugs beschreibt: Im Zustand der Istigkeit offenbart sich das Ewige im Augenblick, das beständige Werden, dass sich durch keine Messung einfangen lässt. Huxley kritisiert einen statischen Seinsbegriff und vermutet bei Platon, der den Gedanken des unveränderlichen Seins lancierte, einen »grotesken Irrtum«, nämlich den, »das Sein vom Werden zu trennen und es dem mathematischen Abstraktum der Idee gleichzusetzen. Der arme Kerl konnte nie gesehen haben, wie Blumen aus ihrem eigenen inneren Licht heraus leuchteten und so große Bedeutung erlangten, daß sie unter dem Druck erbebten, der ihnen auferlegt war; er konnte nie wahrgenommen haben, daß das, was Rose und Schwertlilie und Nelke so eindringlich darstellten, nichts mehr und nichts weniger war, als was sie waren – eine Vergänglichkeit, die doch ewiges Leben war, ein unaufhörliches Vergehen, das gleichzeitig reines Sein war, ein Bündel winziger, einzigartiger Besonderheiten, worin durch ein unaussprechliches und doch selbstverständliches Paradoxon der göttliche Ursprung allen Daseins sichtbar wurde.«[289] Der Moment der »Istigkeit« ist bei Huxley ein Moment höchster ästhetischer Erfüllung – ein Zustand optischer Entrückung, der mit einer tiefen Erkenntnis der lebendigen Prozesshaftigkeit zusammengeht: »Ich blickte weiter auf die Blumen, und in ihrem lebendigen Licht glaubte ich das qualitative Äquivalent des Atmens zu entdecken – aber eines Atmens ohne das wiederholte Zurückkehren zu einem Ausgangspunkt, ohne ein wiederkehrendes Verebben; nur ein Fluten von Schönheit zu immer größerer Schönheit, von tiefer zu immer tieferer Bedeutung. Meine Augen wanderten von der Rose zur Nelke und von diesem gefiederten Erglühen zu den glatten Schnörkeln des Gefühl verströmenden Amethysts der Iris. Die beseligende Schau, Sat Chit Ananda, Seins-Gewahrseins-Seligkeit – zum ersten Mal verstand ich, losgelöst von der Bedeutung der Wörter und nicht durch unzusammenhängende Andeutungen oder nur entfernt, sondern deutlich und vollständig, worauf sich diese bedeutungsvollen Silben beziehen.«[290]

Mit Huxleys beschriebenen Erfahrungen wird deutlich, dass der Mensch zu einer bestimmten Daseinsintensität und Bedeutungstiefe fähig ist, bei der Sprache als Medium der Bedeutung nicht mehr ausreicht. Mit logischen Gedankengängen wären wir – über die Grenzen des Aussprechbaren gehend – beim Unsinn. Doch fängt nicht genau hier eine Dimension an, die uns dazu zwingt zu artikulieren, was bisher unausgesprochen ist? Wir erinnern uns: Heidegger verweist in seinen Ausführungen zur Alethaia-Konzeption bei Aristoteles auf die nicht diskursive Qualität der Wahrheit bei den Vorplatonikern. Wahrheit ist dort noch gewissermaßen unaussprechbares Substrat, das über einen Urstoff das Werden der Welt bestimmt. Huxley nimmt mit seiner Beschreibung der sogenannten Seins-Gewahrseins-Seligkeit direkt Bezug auf die zeitlose Dimension seines Erlebens, die an die Wahrheitstheorie von Heidegger erinnert. Huxleys Offenbarungen können so als genau die »Lichtung(en)«[291] verstanden werden, die Heidegger in Bezug auf die unverborgen anwesenden Momente der Wahrheit anführt. Huxley wird im Meskalinrausch an einer Wahrheit teilhaftig, bei der er ihre unlogische Struktur akzeptiert, als etwas, das als das hintergründig-widersprüchliche »Spiel des Aufgehens im Sichverbergen«[292] beschrieben werden könnte. Huxley braucht das Meskalin, um sich Zugang zu dieser unzeitlichen Wahrheit zu verschaffen. Er spricht bezugnehmend auf den Rausch von der größten Gleichgültigkeit der Zeit gegenüber: »Ich hätte selbstverständlich auf meine Uhr sehen können, aber meine Uhr war, das wusste ich, in einem anderen Universum. Tatsächlich hatte ich das Gefühl einer unbestimmten Dauer empfunden und empfand es noch immer, oder auch das einer unaufhörlichen Gegenwart, die aus einer einzigen, sich ständig verändernden Offenbarung bestand.«[293]

Die Uhr im anderen Universum und die unaufhörliche Gegenwart – was, wenn das eine Wahrheit ist, die wir nur konsequent übersehen? In Walt Whitmans »Leaves of Grass« findet sich eine Sequenz, die wie eine Mischung aus Huxleys Meskalinerlebnissen und Schopenhauers Willensmetaphysik klingt. Auch bei ihm geht es um die Zeitlosigkeit im Augenblick – das »now«: »I have heard what the talkers were talking, the talk of the beginning and the end, / But I do not talk of the beginning or the end. / There was never any more inception than there is now, / Nor any more youth or age than there is now; / And will never be any more perfection than there is now, / Nor any more heaven or hell than there is now.« Und das sich von Augenblick zu Augenblick erneuernde Wunder bloßen Daseins beschreibt er als Drang – »urge« – zum Wachstum und zum neuen Leben: »Urge and urge and urge, / Always the procreant urge of the world. / Out of the dimness opposite equals advance, always substance and increase, always sex, / Always a knit of identity, always distinction, always a breed of life.«[294]

Eine Gegenposition zu der Idealisierung des Augenblicks nimmt Nietzsche ein, der zu Recht nach der Qualität des Moments fragt. Denn nicht jeder beliebige Augenblick im Menschenleben will Ewigkeit. Huxleys epiphaniereicher Meskalinrausch stellt sicherlich ein positives Beispiel des zeitlosen Erlebens dar. Was aber, wenn der Trip zum Albtraum, zum Horrortrip wird? Oder wenn Trauer oder Schmerzen vorherrschen? Hier wäre spontan eine universelle Wahrheit über den Menschen formuliert: Im Schmerz soll der Augenblick schnell vergehen. Nur der lustvoll empfundene Moment will Ewigkeit. »Weh spricht: Vergeh!« In seinen zweiten *Unzeitgemässen Betrachtungen* beschreibt Nietzsche, wie der »große Mensch« den Bann der Zeit durchbricht, indem er sich nicht mehr von der

»blinden Macht der Fakta« leiten lässt. Dann steht er außerhalb der Zeit, indem er »unzeitgemäss« ist. Das Hier und Jetzt wird bei ihm nicht zum möglichen transzendenten Momenterleben verklärt. Nur was dem Rad der Geschichte widerstehen kann, erhält Bedeutung: zum Beispiel die Musik. Das Genie ist kein »Diener des Augenblicks«, sondern vielmehr »Erlöser vom Augenblick«. Eine Persönlichkeit, die sich und die Mitmenschen »aus der wechselnden Sphäre des Momentanen« erlöst und überhistorisch denkt. Minderwertig sind insofern diejenigen, die das Gegenwärtige überhöhen. Sie laufen Gefahr, von der »Last und Gier des Augenblicks«[295] verschlungen zu werden, in eine »unproduktive Daseinslust«[296] zu verfallen. Doch auch bei ihm gibt es die Augenblicke der tiefen Erkenntnis, sie sind verbunden mit der Einsicht in den Strom der Zeit, in den wir tief versenkt sind. Diese seltenen Einsichten sind aber ganz im Gegensatz zu Huxleys Meskalintrip nicht gerade angenehm. Es sind Momente, in denen »die Grundbeschaffenheit der Dinge sich rauh und starr [...] ausdrückt«. Der Einzelne erfährt sich darin zurückgeworfen auf seine ureigenste Tragik. Er ist das nicht festgestellte Tier zwischen den Extremen. Und hier erwacht der Wunsch nach Klarheit über sich und sein Schicksal. Für den Moment will »die Scham, die Ängstlichkeit und die Begierde«[297] vergessen sein. »Die Welt ist tief, und tiefer als der Tag gedacht« – was sich in der Tiefe, unter der Oberfläche abspielt, kann nicht gesehen werden. Der Beschwichtigung durch die oberflächliche Schönheit der Welt – so wie Huxley die Blumen beschreibt – hätte Schopenhauer wohl schroff widersprochen: »[I]st denn die Welt ein Guckkasten? Zu sehen sind die Dinge freilich schön; aber sie zu seyn ist ganz etwas Anderes.«[298]

SEIN ZUM TOD

Eine zentrale Problematik dieses Daseins ist der sichere Tod. Keiner entkommt ihm, wir alle wissen, dass wir ihn erleben werden. Er ist definitives Ende des Lebens und keiner weiß, wie oder ob es danach weitergeht. Gerade bei den Überlegungen zum Tod macht die Zeitlichkeit wieder Sinn, denn Zeit strebt unausweichlich zum Tod hin. Sigmund Freud betonte in diesem Zusammenhang das Primat des Toten, Anorganischen: »Wenn wir es als ausnahmslose Erfahrung annehmen dürfen, dass alles Lebende aus inneren Gründen stirbt, ins Anorganische zurückkehrt, so können wir nur sagen: Das Ziel alles Lebens ist der Tod, und zurückgreifend: Das Leblose war früher da, als das Lebendige«[299]. Während das Tier ohne Bewusstsein über seinen Tod existiert und im Grunde ja exakt dieses oben beschriebene Ewige Augenblick für Augenblick erleben muss, sind wir Menschen uns ab einem bestimmten Alter des Todes bewusst. Das Tier, dass nach seiner Lebenspanne dann einfach stirbt, ohne je den Tod als finalen Übergang in eine ihm unbekannte andere Sphäre bedacht zu haben, bleibt innerhalb seiner Lebenspanne in einer Art mentalem Zustand der Unvergänglichkeit.[300] Ist es also – nehmen wir einmal an, die sogenannte Ewigkeit im Augenblick (nach Huxley) ließe sich als vegetativer Lebensmodus auf die Tier- und Pflanzenwelt übertragen – erstrebenswert, in dieses »unzeitliche Mindset« zurückzukehren? Wollen wir, wie die Tiere, unzeitlich denken? Oder ist das Bewusstsein über den sicheren Tod, der unweigerlich zur Reflexion der Zeitlichkeit des Lebens führt, nicht eher ein Gedankengang, den nur wir als Menschen nachvollziehen können, und sind somit nur wir zu einer bestimmten geistigen Tiefe in der Lage? Für Schopenhauer ist der Tod »der eigentliche inspirirende Genius oder der Musaget der Philosophie«. Denn alle Philosophie sei »zunächst das von der reflektirenden Vernunft aus eigenen Mitteln hervorgebrachte Gegengift der Gewissheit des Todes«[301] oder vielmehr Gegengift zur Linderung der Furcht vor dem Tod. Schopenhauer ist sich sicher, dass jede Todesangst eigentlich unbegründet ist. Denn »was uns den Tod so schrecklich erscheinen lässt«, ist ja »der Gedanke des Nichtseyns«. Wenn aber das Nicht-Sein so schlimm wäre, dann müssten wir – und dieser Gedanke Schopenhauers ist so simpel wie genial – »mit gleichem Schauder der Zeit gedenken, da wir noch nicht waren«. Und weiter: »Denn es ist unumstößlich gewiss, dass das Nichtseyn nach dem Tode nicht verschieden seyn kann von dem vor der Geburt, folglich auch nicht beklagenswerther.«[302] Und tatsächlich: Vertieft man sich in den Gedanken an die Milliarden Jahre des Nicht-gewesen-Seins und die weiteren des zukünftigen Nicht-sein-Werdens, dann eröffnet sich unweigerlich ein nüchterner und distanzierter Zugang zum eigenen Tod, bei dem wir uns fast wundern, warum man diesem mit so viel negativer Emotion begegnen sollte.

Schopenhauer arbeitet diesen Vorgang anschaulich heraus: »Eine ganze Unendlichkeit ist abgelaufen, als wir noch nicht waren: aber das betrübt uns keineswegs. Hingegen, dass nach dem momentanen Intermezzo eines ephemeren Daseyns eine zweite Unendlichkeit folgen sollte, in der wir nicht mehr seyn werden, finden wir hart, ja unerträglich.«[303] Die Frage danach, wer oder was wir nach unserem Tod sein werden ergänzt Schopenhauer um die nicht unerheblichere Frage danach, was oder wer ich vor meiner Geburt war: »was war ich all jene Zeit hindurch?«[304] Und gerade beim Versuch, dieser Frage – auf die wir sicherlich keine Antwort finden können – mit angemessener Sachlichkeit zu begegnen, stellt sich ein Gefühl für die unlogische Substanz des Todes ein. Der Tod lässt sich zwar nicht logisch erklären, man kommt mit den Gedanken Schopenhauers jedoch zumindest zu der Vermutung, dass ein (höllenartiges) statisches schwarzes Nichts oder ein anderer leidlicher Zustand, der unabänderlich und negativ antizipiert wird, höchst unwahrscheinlich ist. Da wir Milliarden Jahre nicht waren und nach unserem Ableben wieder eine vermutlich ähnliche Zeitspanne lang oder nie mehr sein werden, ist die Vermutung eines Nicht-lebendig-Seins oder eines Nicht-Seins, das irgendwie negativ besetzt ist, unplausibel. Aber was soll in Bezug auf den Tod schon plausibel sein, könnte man einwenden. Der Tod als absolutes Ende und die Geburt als absoluter Anfang erzeugen ohne Zweifel ein ungutes Gefühl für das Nichtsein. Ein Großteil der Todesfurcht generiert sich aus der negativen Besetzung des Nichtseins. Da die Überlegung von Schopenhauer so zentral ist, wird sie der Deutlichkeit halber als Frage formuliert: Warum sollten die Milliarden Jahre des Nicht-Seins vor meiner Geburt und nach meinem Tod in irgendeiner Weise schlecht, leidvoll oder prinzipiell negativ sein?

Das Worst-case-Szenario wäre – da wir im Todeszustand ja nichts im Sinne eines lebendigen Wesens empfinden können – das reine Nichts. Angenommen, man wäre vor der Geburt schlichtweg nicht und nichts gewesen, dann ließe sich daraufhin vermuten, dass es sich um einen zumindest gewohnten Zustand handelt, in den wir nach dem Tod einkehren werden. Wenn ich annehme, ich wäre gar nicht gewesen, »kann ich mich über die unendliche Zeit nach dem Tode, da ich nicht seyn werde, trösten mit der unendlichen Zeit, da ich nicht gewesen bin, als einem wohl gewohnten und wahrlich sehr bequemen Zustande. Denn die Unendlichkeit a parte post ohne mich kann so wenig schrecklich seyn, als die Unendlichkeit a parte ante ohne mich«[305]. In die Unendlichkeit tritt das Leben des Einzelnen und teilt den ewigen Prozess der Zeit in zwei Hälften, die sich aus Sicht des Lebendigen im Leben Befindlichen kaum verschiedentlich attribuieren lassen – »indem beide durch nichts sich unterscheiden, als durch die Dazwischenkunft eines ephemeren Lebenstraums«. Folglich lässt sich mit Schopenhauer festhalten, dass »über die Zeit, da man nicht mehr seyn wird, zu trauern, eben so absurd ist, als es seyn würde über die, da man noch nicht gewesen: denn es ist gleichgültig, ob die Zeit, welche unser Dasein nicht füllt, zu der, welche es füllt, sich als Zukunft oder Vergangenheit verhalte.«[306] Da die negative Attribuierung des Todes ein Bewusstsein zur Voraussetzung hat, wird sie im Zustand des unbewussten Nichtseins hinfällig. Der Tod findet ja nur in unserem Bewusstsein statt. Als zeitliches Ende ist er das Ende der Erscheinung in der Zeit – »aber sobald wir die Zeit wegnehmen, giebt es gar kein Ende mehr«[307]. Schopenhauers Verweis auf Epikur verdeutlicht diesen fehlenden Bezugsrahmen im Todeszustand: »der Tod geht uns nichts an«.

Und doch geht er uns sehr wohl an, denn er ist ja unausweichlich da und ragt in unser Leben. Kaum etwas berührt uns intensiver als die (lebendige) Vergegenwärtigung des eigenen Todes. Nichts wirft den Einzelnen so sehr auf sein endliches vereinzeltes Dasein zurück. Martin Heidegger sah – wie

Schopenhauer – die tiefgreifende philosophische Qualität des Todes. Der Tod wird bei ihm zum *principium individuationis* schlechthin. Es ist der Tod, der das Dasein aus der Allgemeinheit herausreißt und ein »Selbst« konstituiert, das sich vom Anderen unterscheidet. Der Mensch wird in seiner Fähigkeit, den Tod zu reflektieren, erst zum Menschen – könnte man sagen. Mit dem Tod wird es gleich auf mehreren Ebenen widersprüchlich: Wir wissen um unseren Tod. Aber wenn wir dieses scheinbar so selbstverständliche Ereignis erklären wollen, geraten wir in Erklärungsnot. Niemand kann sagen, was der Tod tatsächlich ist. Und das nicht nur, weil wir zwar um die Unausweichlichkeit unseres Sterbenmüssens wissen, das Wie und das Wann jedoch prinzipiell im Dunkeln liegen: Das sprichwörtliche »Mors certa, hora incerta« verweist auf diese beunruhigende Qualität des Todes, die uns unweigerlich dazu drängt, die Gedanken an ihn beiseitezuschieben und uns abzulenken.

Die Befremdlichkeit des eigenen Todes treibt uns Menschen nicht nur zur Verweigerung der Reflexion über ihn, sondern veranlasst uns dazu so zu leben, als ob unser Leben immer so weiter ginge. Freud sprach von einer gesamtgesellschaftlichen Todesleugnung: »Im Grunde glaube niemand an seinen eigenen Tod oder, was dasselbe ist: Im Unbewußten sei jeder von uns von seiner Unsterblichkeit überzeugt«[308]. Das Trauma des Todes, das bei jedem Menschen zu einem anderen Zeitpunkt erfahren wird, geht einerseits zurück auf das Nicht-wahrhaben-Wollen des Lebensendes, also des nicht mehr in der Welt Existierens, anderseits aber vor allem, weil der Gedanke an die zukünftige Nichtexistenz der eigenen Person eigentlich undenkbar ist. Der Tod geht uns aufgrund der für uns Lebendige unzugänglichen Bedeutung desselben nichts an. Schopenhauer bezieht sich bei seinen Reflexionen über die Unzugänglichkeit des Todes nicht zufällig auf Epikur, der eine lebenspraktische Indifferenz gegenüber dem Tod vorschlägt und sie folgendermaßen begründet: »Gewöhne dich daran zu glauben, dass der Tod keine Bedeutung für uns hat. Denn alles, was gut, und alles, was schlecht ist, ist Sache der Wahrnehmung. Der Verlust der Wahrnehmung aber ist der Tod. Daher macht die richtige Erkenntnis, dass der Tod keine Bedeutung für uns hat, die Vergänglichkeit des Lebens zu einer Quelle der Lust, indem sie uns keine unbegrenzte Zeit in Aussicht stellt, sondern das Verlangen nach Unsterblichkeit aufhebt. [...] Das schauerlichste aller Übel, der Tod, hat also keine Bedeutung für uns; denn solange wir da sind, ist der Tod nicht da, wenn aber der Tod da ist, dann sind wir nicht da.«[309] Nicht mehr da sein – das sagt sich so dahin. »Dass ich selbst einmal aufhören werde zu sein, dass die Person, die ich in der denkenden Introspektion als mein ›Ich-Selbst‹ identifiziere, einmal nicht mehr existieren und mein bewusstes Bei-mir-selbst-Sein dann nur noch Vergangenheit sein wird, das ist ein Gedanke, der unser Denken irritiert und unser Empfinden zutiefst befremdet. Gerade dasjenige, was als das einzig wirklich Gewisse uns ganz zu eigen scheint, unser Tod, steht uns als das Ende unseres Daseins zugleich als das schlechthin Fremde, das stumm und hilflos macht, gegenüber. Eberhard Jüngel hat diesen Gedanken in die Formel gegossen: Der Tod ist ›als unser Ureigenstes das uns Fremdeste‹ (Jüngel 1972, 17). Und eben dies, so Jüngel weiter, mache die bleibende Geheimnishaftigkeit des Todes aus.«[310] Eines ist aber sicher: Das lebendige Denken kommt mit dem Tod, der allem ein Ende macht, seinerseits an kein Ende. Der Tod aus Perspektive des Lebendigen – und nur diese haben wir ja – regt vielmehr in eminenter Weise zum Nachdenken an. Der Tod ist als die Grenze des Lebens also nicht auch die Grenze des Denkens.

Der Tod ist zwar existentiell wie intellektuell nicht auf den Begriff zu bringen – er fungiert aber fast wie ein geistiges Hormon, das zu tief gehenden Denkprozessen anregt. Für Heidegger eröffnet sich angesichts des Todes dem Dasein ein abgesteckter Entscheidungsraum, innerhalb dessen es bewusst existieren kann. Das Existieren ist hier von zentraler Bedeutung: Das Bewusstsein über den eigenen Tod ermöglicht erst, das eigene Dasein als ein »Herausragen« ins Nichts (»Ek-sistieren«) wahrzunehmen. Und genau hier eröffnet sich eine Freiheitsdimension, die bis heute nichts an Attraktivität eingebüßt hat: Die unerhörte Zufälligkeit der eigenen Existenz – als ein

Herausragen ins Nichts –, das eigene zeitlich begrenzte Dasein fordert regelrecht zum freiem Lebensentwurf auf. Ohne gesicherten metaphysischen Grund, ohne einen richtenden Gott wird die vom Tod begrenzte Lebenszeit zu einem magischen Versuch, den jeder für sich entdecken muss. Erst wenn es sich auf diesen ungesicherten Grund begibt, existiert der Mensch als Ganzes. Er tritt aus dem anonymen »Man« heraus. Damit ist der Tod nicht einfach ein letztes Geschehnis, sondern strahlt auf die Existenz des Daseins zurück. Es ist also dieses Verhältnis zum Tod, durch das sich das Dasein als Außerordentliches von allem anderen Seienden abhebt.

Die Kehrseite dieser Individuation ist die Angst. »Sie wirft das Dasein auf das zurück, worum es sich ängstet, sein eigentliches In-der-Welt-sein-können. Die Angst vereinzelt das Dasein auf sein eigenstes In-der-Welt-sein, das als verstehendes wesenhaft auf Möglichkeiten sich entwirft.«[311] Das Verhängnis zum eigenen Tod ist gekennzeichnet von Angst, weil der Tod schlichtweg eine ständige Bedrohung ist. Heidegger formuliert in diesem Zusammenhang die Forderung, sich dieser Angst zu stellen. Er spricht vom »Mut zur Angst«. Die Vorwegnahme des eigenen Todes erzeugt Angst, erschließt im nächsten Schritt aber dem Dasein im »Freiwerden für den eigenen Tod« seine äußerste Möglichkeit. Heidegger versteht das Dasein als ein »Sein zum Ende« und den Tod als ein »Zu-Ende-sein« des Daseins. Das »Sein zum Ende« ist ein Verhältnis des Daseins zu seinem Ende. Und um dieses Verhältnis geht es eigentlich: ein Verhältnis zum eigenen Tod entwickeln, das im besten Fall zu freien Entscheidungen führt. Denn die Endlichkeit des Daseins zu bedenken versteht Heidegger als unerhörte Möglichkeit des Menschen. »Eine Katze exisiert nicht, sondern lebt, ein Stein existiert nicht und lebt nicht, sondern ist vorhanden.«[312] Der Stein hat keine Angst vor seinem Ende. Die Katze hat sie zwar, ist sich ihrer aber nicht bewusst. Dem Menschen hingegen offenbart die Angst »das Freisein für die Freiheit des Sich-selbstwählens und -ergreifens. Die Angst bringt das Dasein vor sein Freisein für ... (propensio in ...) die Eigentlichkeit seines Seins als Möglichkeit, die es immer schon ist.«[313]

Sartre überspitzt diesen Gedanken Heideggers und geht mit der Eigentlichkeit des Seins als Möglichkeit so weit, dass er den Menschen als absolut freies Wesen postuliert. Des Menschen Sein ist Möglichkeit. Sartre argumentiert hier ganz antiplatonisch: Der Mensch ist frei, da es keine dem Einzelnen vorausgehende Idee, keine Blaupause des Menschen im Allgemeinen gibt. Jeder Einzelne ist eine besondere – für sich stehende – Verwirklichung und Existenzweise. Sartre untermauert seinen Gedanken mit der Vertauschung von zwei zentralen klassischen Begriffen der Ontologie: der existentia und der essentia. Zwei Begriffe, die seit der Antike in der folgenden Formel immer wieder auftauchen: Die essentia geht der existentia voraus. Was so viel heißt wie: Das Wesen des Menschen geht dem einzelnen Existierenden voraus. Oder platonisch formuliert: Die Idee, das Urbild Mensch steht über dem vereinzelten menschlichen Abbild in der Realität.

Sartre vertauscht die beiden Begriffe und veranschlagt die Existenz des menschlichen Bewusstseins (als Freiheit), die die Essenz, also sein Wesen setzt. Nicht ohne ironischen Bezug auf die Scholastik macht Sartre seine Überlegungen anhand eines Vergleiches deutlich: »Wenn man einen produzierten Gegenstand betrachtet, zum Beispiel ein Buch oder einen Brieföffner, so wurde dieser Gegenstand von einem Handwerker hergestellt, der sich von einem Begriff hat anregen lassen; er hat sich auf den Begriff Brieföffner bezogen und auch auf ein bereits bestehendes Herstellungsverfahren, das Teil des Begriffs ist – im Grunde ein Rezept. So ist der Brieföffner zugleich ein Gegenstand, der auf eine bestimmte Weise hergestellt wird und der andererseits einen bestimmten Nutzen hat; man kann sich keinen Menschen vorstellen, der einen Brieföffner herstellte, ohne zu wissen, wozu der Gegenstand dienen wird. Wir sagen also, daß beim Brieföffner die Essenz, das Wesen – das heißt die Gesamtheit der Rezepte und der Eigenschaften, die es gestatten, ihn zu produzieren und zu definieren – der Existenz vorausgeht; in dieser Weise ist die Gegenwart dieses Brieföffners oder jenes Buches hier vor mir determiniert. Wir haben es hier mit einer technischen Betrachtung der Welt zu tun, bei der die Produktion der Existenz vorausgeht.«[314]

Die Umkehrung der ontologischen Formel dient hier zweierlei: der Verneinung eines Schöpfergottes als »Essenzgeber« des Menschen und der Ablehnung eines mechanischen Menschenbildes, in dem der Mensch als »produziert« wahrgenommen wird. Für den Menschen gibt es im Sinne Sartres kein vorgegebenes Wesen, sondern bei ihm geht das Dasein dem Wesen voraus. Und damit steht die wichtigste und anspruchsvollste Aufgabe im Raum: Jeder Einzelne muss sich sein Wesen erst geben und erschaffen, er hat das, was er sein will, zu kreieren. Der Mensch ist nichts anderes, als wozu er sich macht. Der Mensch besitzt kein konstantes, vorweg bestimmbares Wesen, sondern ist reine Bestimmung seiner selbst. Diese Selbstbestimmung ist auch für den Einzelnen nie vollzogen, außer durch den zufälligen, absurden Abbruch, der der Tod ist. Der Tod bedingt gewissermaßen die Freiheit. Denn ein unendliches Leben könnte gleichzeitig alles sein – eine solche Freiheit ohne Notwendigkeit der Wahl wäre aber für Sartre nicht mehr die Freiheit der zu sich selbst ausstehenden menschlichen Existenz, sondern eher etwas Starres, Stabiles, Vollständiges, Abgeschlossenes. Deshalb ist gerade die Endlichkeit des Lebens die Bedingung der Freiheit des Einzelnen. Oder wie Sartre es selbst prägnant formuliert: »Der Freiheitsakt selbst ist also die Übernahme und Schaffung der Endlichkeit. Wenn ich mich mache, mache ich mich endlich, und daher ist mein Leben einmalig.«[315] Und die Freiheit ist die Zumutung, das Leben in die eigene Hand zu nehmen, um es ins Nichts der Möglichkeiten hinein zu entwerfen. Dieser Entwurf ist voll von Entscheidungen, die gefällt werden müssen. Der Versuch, der Entscheidung auszuweichen und in einer schwebenden Indifferenz zu verharren, ist nichts weiter als ein Selbstbetrug, eine Haltung der Unaufrichtigkeit (mauvaise foi). Die Flucht in die mauvaise foi, in die freiheitsvergessene Unaufrichtigkeit, ist nie gerechtfertigt. Die Umstände sind – mit Sartre – nie verantwortlich zu machen. Wie zudringlich die Zwänge auch sein mögen, in jeder Situation bleibt ein Rest von Freiheit und somit von Verantwortung erhalten.

Doch sind wir nicht inmitten der Pflichten und Anstrengungen, die das Leben für uns bereithält, doch in mehrfacher Hinsicht festgelegte Wesen? Ganz im Gegensatz zu Sartres Freiheitsaxiom und zu den weiter oben besprochenen Theorien zum Menschen als »das nicht festgestelltes Thier« bei Nietzsche oder der »Unfestgelegtheit« bei Anders sind wir auf einiges festgestellt bzw. festgelegt: Unsere Herkunft und unsere Muttersprache wären bereits schon zwei Determinanten von nicht zu unterschätzender Tragweite. Wir denken in den Koordinaten unserer Sprache und sind unausweichlich immer wieder emotional zurückgeworfen auf unsere unmittelbare Umwelt. Von unseren Eltern können und müssen wir uns lösen. Hier sind wir auch auf ein bestimmtes Programm festgelegt. Hat insofern nicht die Welt immer schon ihre Bedeutungen, die wir und in denen wir uns vorfinden? Determinieren die Umstände nicht vielmehr unser Verhalten und das, was wir als unsere Wahl ausgeben, als unsere Wahl die Welt bestimmen könnte?

Sartre selbst stellt den folgenden Einwand in den Raum: »Das entscheidende, vom gesunden Menschenverstand gegen die Freiheit benutzte Argument besteht darin, uns an unsere Ohnmacht zu erinnern. Weit entfernt, dass wir unsere Situation willkürlich ändern können, scheint es sogar, dass wir nicht einmal uns selbst ändern können. Ich bin weder ›frei‹ dem Schicksal meiner Klasse, meines Volkes, meiner Familie zu entgehen, noch auch mir Einfluß oder ein Vermögen zu schaffen, und meine unbedeutendsten Neigungen oder meine Gewohnheiten zu besiegen. Ich werde als Arbeiter, als Franzose, mit Erbsyphilis oder Tuberkulose geboren [...]. Anstatt ›sich zu machen‹ scheint, scheint der Mensch scheinbar ›gemacht‹ zu werden«[316]. Sartre spricht hier bestimmte Aspekte der menschlichen Existenz an, die wir im Sinne Freuds und Marx' als zentrale bewusstseinsprägende Determinanten kennen: Seit Freuds Psychoanalyse sind wir offiziell nicht mehr Herr im eigenen Haus. Tief in uns: das Es und das Über-Ich, die Instanzen, die uns beherrschen. Aus einem geradlinigen und aufstrebenden Ich wird seit Freud ein Wesen, das getrieben ist von seinen verdrängten Ängsten, Verletzungen und Wünschen, eine Gestalt, die dem Unbewussten ausgeliefert ist und sich ihm früher oder später stellen muss. Sonst wird sie krank. Von Freiheit kann hier kaum die Rede sein. Der Mensch erscheint mit Freud immer zurückgeworfen auf die ihm eigene Seelenarchitektur. Auch im Marx'schen Sinne ist der Mensch in seinen sozioökonomischen Koordinaten eben nur genau so frei, wie er es sich zeitlich und materiell leisten kann.

Sartre beginnt also mit seinem im Freud'schen und Marx'schen Sinne höchst nachvollziehbaren Einwand, das Zusammenspiel von Freiheit und Gegebenheit oder – wie er es nennt – das ›In-Situation-Sein‹ der Freiheit genauer zu bestimmen. »Er setzt an bei dem Argument, das die These der absoluten Selbstbestimmung des Menschen am handfestesten in Frage zu stellen scheint: Die Dinge leisten Widerstand, und dieser Widerstand kann so stark sein, dass wir uns gezwungen fühlen, unseren Plan umzustoßen oder aufzugeben. Aber, so fragt Sartre gegen diesen Einwand zurück, wie denn können wir konstatieren, dass die Dinge Widerstand leisten? Was steckt hinter dieser naiven, die Dinge personifizierenden und aktivierenden Redeweise? Nichts anderes als die eigene Aktivität, der Entwurf, der sich realisieren will. Die Dinge *sind.* Ob sie als widerständig oder aber als hilfreich erfahren werden, das hängt von dem Entwurf ab, in dessen Licht ich sie sehe, von dem Zusammenhang, den ich konstituiere und innerhalb dessen das Begegnende erst seine Bedeutsamkeit erhält.«[317] Ganz wie weiter oben Nietzsche entgegengehalten werden kann, dass es erst die Mücke ist, die ihre Welt entwirft, anstatt sie als flüchtiges und triviales Wesen in einer übermächtigen Umwelt zu verorten. Sie ist für sich die weltkonstituierende Kreatur, die – wäre sie nicht am Leben – keine Welt hätte. Ohne das einzelne Wesen klafft das reine Nichts. Wir Menschen sind zwar – der Mücke ähnlich – triviale und flüchtige Gestalten im unendlichen Prozess des Werdens und Vergehens und doch Wesen, die im Prozess ihrer Existenz die Welt erschaffen, da sie – mit den Worten Nietzsches gesprochen – das Bewusstseinszimmer sind, in dem sich die Welt ereignet. Mehr noch: Sie wirken auf vielfältige Weise auf andere und die Welt, verändern ihr Umfeld und besitzen im Vergleich zur Mücke ein Bewusstsein, das die Macht hat, sich und seine Umwelt zu deuten. Ein Bewusstsein, das – wir erinnern uns an den blinden Fleck der Selbsterkenntnis, an den in Spiegelglas gekleideten Leuchtturm – wie ein ausgreifendes Nichts ist, das sich beständig in die Welt hinausschleudert. Der Mensch ist ein Nichts an Sein, ein Werden, das das, was es eben noch war, schon wieder verlassen muss, indem es sich vorwegnimmt und voranschreitet. Das Bewusstsein kann auf die bohrende Frage nach dem ›Wer bin ich?‹ keine sichere Antwort geben.

MUT ZUR WAHRHEIT

Das griechische Wort parrhesia bedeutet »Alles-Sagen« und lässt sich mit Foucault als »Frei-Sprechen«, »Freimütigkeit«, als furchtloses und »Frei-heraus-die-Wahrheit-Sagen« übersetzen.[318] Doch was ist hier mit der Wahrheit gemeint? Wahrheit geht bei Foucault immer zusammen mit bestimmten Machtverhältnissen. In seiner Annäherung an den Wahrheitsbegriff fasst er nicht etwa eine Ansammlung der wahren Dinge, die zu entdecken – also per se einfach in die Welt gestreut und für den Menschen als gegeben auffindbar – sind, sondern »das Ensemble der Regeln, nach denen das Wahre vom Falschen geschieden und das Wahre mit spezifischen Machtwirkungen ausgestattet wird.«[319] Diese Regeln werden aufgrund ihrer historischen und kulturellen Verfestigungen zwar als gegeben wahrgenommen, sind aber im Grunde höchst beliebige Konstruktionen. Sie sind das Produkt langer Entwicklungsprozesse und verschiedener Machtkontinuen.

Foucault spricht in diesem Zusammenhang von den Techniken der Wahrheitsfindung, die wiederum bestimmt werden von den Institutionen der Wahrheitssuche, die im Prozess der Menschheitsgeschichte zu dem wurden, was sie heute sind: Wissenschaft und Politik. Wahrheitsträger sind bei Foucault

PhilosophInnen, ÄrztInnen, JuristInnen, WissenschaftlerInnen.[320] Es gelten verschiedene Verfahrensweisen zur Bestimmung von dem, was in der Gesellschaft als wahr und was als nicht wahr gilt. Die Wahrheit wird »aufgrund vielfältiger Zwänge produziert«, meint Foucault. Und »jede Gesellschaft hat ihre eigene Ordnung der Wahrheit, ihre allgemeine Politik der Wahrheit: d.h. sie akzeptiert bestimmte Diskurse, die sie als wahre Diskurse funktionieren lässt, es gibt Mechanismen und Instanzen, die eine Unterscheidung zwischen wahren und falschen Aussagen ermöglichen und den Modus festlegen, in dem die einen oder anderen sanktioniert werden, es gibt bevorzugte Techniken und Verfahren zur Wahrheitsfindung; es gibt einen Status für jene, die darüber zu befinden haben, was wahr ist und was nicht«[321]. Insofern geht es nicht darum, »die Wahrheit von jeglichem Machtsystem zu befreien, [...] denn die Wahrheit selbst ist Macht«[322], sondern darum, das Entstehen von Wahrheiten in den komplexen gesellschaftlichen Verflechtungen zu untersuchen: »Die Wahrheit ist zirkulär an Machtsysteme gebunden, die sie produzieren und stützen, und an Machtwirkungen, die von ihr ausgehen und sie reproduzieren.«[323] Die Etablierung einer bestimmten Wahrheit führt zur Vernachlässigung anderer möglicher Wahrheiten. Dieser Vorgang ist nach Foucault eine »gewaltige Maschinerie«[324], die nur bestimmte Wahrheiten zulässt und nur zu bestimmten Zeiten als selbstverständlich, universell und notwendig einordnet.

Entgegen dieser Eigendynamik im gesellschaftlichen Prozess, dieser »Autopoeisis der Wahrheit«, geht mit dem Begriff Parrhesia eine Form der eigenen Wahrheitsfindung einher, die sich nicht mit den historisch und kulturell bedingten Konstrukten zufriedengibt. Parrhesia gilt in klassischen Texten als wichtig und als positiver Beitrag zur Gemeinschaft.[325] Schon in den Tragödien von Euripides verweist der Begriff auf die Schwierigkeit und den Mut, ein unbestimmtes Risiko einzugehen, um die Wahrheit zu sprechen. Gleichzeitig wird mit ihr einer Pflicht Folge geleistet: nämlich der Pflicht, sich der Wahrheit unterzuordnen und ihr somit Geltung zu verleihen. Parrhesia bringt also einerseits »die Freiheit eines sprechenden Individuums zur Geltung«[326]. Im Akt des Wahrsprechens bindet sich der Einzelne aber auch an das ihm übergeordnete Prinzip dieser Wahrheit. Foucault spricht hier von der Ethik des Wahrsprechens als gefährlichem und freiem Akt. Parrhesia ist riskant, aber notwendig, denn sie bricht mit den falsch gewordenen »Wahrheit*en*« der Gesellschaft. Derjenige, der sklavisch den falsch gewordenen Wahrheiten der Gesellschaft folgt, steht im krassen Gegensatz zur Parrhesia. Er muss das, was er denkt und nicht sagen darf, ängstlich verschweigen.[327]

Gerade die sogenannten Schmeichler sind hier gemeint. Das »Problem der Schmeichelei, die der parrhesia entgegengesetzt ist, ist ein politisches, theoretisches und praktisches Problem«. Es ist genau so wichtig, »wie das Problem der Pressefreiheit oder der Meinungsfreiheit in Gesellschaften wie der unseren«.[328] Foucault spricht von einem immerwährenden Kampf um Wahrheit*en*. Diese Erkenntnis ist bei ihm zentral. Die Bedingtheit und Machtabhängigkeit von Wahrheiten führen zu einer bestimmten Haltung. Und die lässt sich – im Sinne Foucaults – üben. Parrhesia ist nicht nur eine Frage des Erkennens von falschen bzw. falsch gewordenen Zusammenhängen, sondern auch Übung, dem Erkannten in der riskanten Wahrheitsäußerung Geltung zu verschaffen. Diese eingeübte parrhesische Haltung bezeichnet er als »Tugend« – und weiter als »eine moralische und politische Haltung, eine Denkungsart«, eine »Kunst nicht regiert zu werden bzw. [...] nicht auf diese Weise und um diesen Preis regiert zu werden«.[329]

Parrhesia gerät hier in die nächste Nähe zu einer bestimmten Wahrheit, die von vielen Philosophen auf die unterschiedlichste Weise formuliert worden ist. Hannah Arendt thematisiert das Problem des sklavischen Gehorsams mit Kants Moralphilosophie. Letztere laufe »doch darauf hinaus, dass jeder Mensch bei jeder Handlung sich selbst überlegen muss, ob die Maxime seines Handelns zum allgemeinen Gesetz werden kann. [...] Es ist ja gerade sozusagen das extrem Umgekehrte des Gehorsams! Jeder ist Gesetzgeber. Kein Mensch bei Kant hat das Recht zu gehorchen«[330]. Bei Karl Marx ist – ebenfalls in Bezug auf Kant – der Mensch parrhesisch dazu angehalten, zu erkennen, dass er »das höchste Wesen für den Menschen sei, also mit dem kategorischen Imperativ, alle Verhältnisse umzuwerfen, in denen der Mensch ein erniedrigtes, ein geknechtetes, ein verlassenes, ein verächtliches Wesen ist«.[331]

Das Erkennen und Aussprechen der subjektiven Wahrheit ist für Foucault ein Indiz für demokratische Verhältnisse. Er erkennt »eine Art von Zirkularität zwischen Demokratie und parrhesia«. Letztere ist »einer der charakteristischen Züge der Demokratie. Das bedeutet aber, daß die Demokratie notwendig ist, damit die parrhesia möglich wird. Für die Demokratie ist die parrhesia notwendig, und für die parrhesia ist die Demokratie notwendig.«[332] Dabei darf nicht vergessen werden, wie schwierig das Verhältnis von Wahrheit und Demokratie eigentlich ist. Foucault fragt zu Recht: »Wie kann die Demokratie die Wahrheit ertragen?«[333] Und er ist davon überzeugt, dass die Beziehung zwischen wahrer Rede und Demokratie schwierig und problematisch ist, und verweist auf die paradoxale Grundstruktur des Zusammenhangs zwischen Parrhesia und Demokratie: »Die Demokratie besteht in einer Gesellschaft, in der die Parrhesia ausgeübt wird. Andererseits aber und insofern die wahre Rede in der Demokratie nur in der Auseinandersetzung, im Konflikt, in der Rivalität auftritt, wird die wahre Rede auch immer von der Demokratie bedroht.«[334]

Denn: »Es gibt keine Demokratie ohne wahre Rede, denn ohne wahre Rede würde sie untergehen; aber das Ende der wahren Rede, die Möglichkeit des Endes der wahren Rede, die Möglichkeit, die wahre Rede zum Schweigen zu bringen, ist der Demokratie wesentlich. Keine Demokratie ohne wahre Rede, aber die Demokratie bedroht die Existenz der wahren Rede.«[335] Die Tendenz zur Mehrheitsmeinung, die dann – wenn sie durchgesetzt ist – zur waltenden Ideologie wird, unterwandert das Prinzip der wahren Rede selbst. Diese Annahme hat sich bis in die moderne Medientheorie – namentlich der Schweigespiraltheorie nach Elisabeth Noelle-Neumann – fortgesetzt. Hier heißt es, dass der Einzelne weniger bereit ist, seine ehrliche Meinung zu sagen, wenn er mit einer gegenteiligen Mehrheitsmeinung konfrontiert wird. Dabei ist die »Isolationsfurcht« das entscheidende psychologische Motiv. Da der Mensch befürchtet, mit seiner Auffassung allein dazustehen, wägt er die »wahre Rede« nach den Konsequenzen, die sie voraussichtlich haben wird, ab.

Und genau hier lassen sich die von Foucault so hochgehaltenen Vertreter des Kynismus anführen. Der Kyniker ist bereits gesellschaftlich isoliert. Er hat den beschwerlichen Weg zu einer speziellen Form der Individuation auf sich genommen und kann nun, mittellos (wie Diogenes in der Tonne) außerhalb der »normalen« Gesellschaft stehend, immer wieder »wahrsprechend« in sie eingreifen. Die kynische Sozialkritik ist als ständiger und absichtlicher Angriff auf eine falsch gewordene Gesellschaft zu verstehen, die mit dem Ziel antritt, sie zu ändern und ihre Gewohnheiten zu unterlaufen. Der Kyniker geht von der Möglichkeit eines anderen Lebens aus. Er sieht sein Wirken »als Praxis eines Kampfgeistes, in deren Horizont es eine andere Welt gibt«.[336] Die Praxis des Kynismus stützt sich gerade auf die Annahme, »dass das wahre Leben ein anderes ist«[337] und auch nur als ein anderes möglich ist. Diese Andersheit betont gerade der letzte Satz in Foucaults Manuskript zur Parrhesia: »Es gibt keine Einsetzung der Wahrheit ohne eine wesentliche Setzung der Andersheit; die Wahrheit ist nie dasselbe; Wahrheit kann es nur in Form der anderen Welt und des anderen Lebens geben.«[338]

USELESS PEOPLE

Doch wie steht es um dieses »andere Leben« im Furor der totalen Computerisierung des Lebens im 21. Jahrhundert? Yuval Noah Harari spricht ebenfalls von einem anderen Leben. Es ist aber eines, in das die Menschheit kollektiv diffundieren wird. Er ist sich sicher: »[D]ie neue Menschheit wird von den belastendsten und hinderlichsten Begierden befreit sein«. Sie »wird pazifistisch, ökologisch und gemeinschaftlich sein. In dem Maße, wie sie zu unserer Manipulation fähig ist, macht sich die KI perverserweise zur Gehilfin unserer Befreiung.«[339]

In diesem Spannungsverhältnis scheinen alle Menschen mit Smartphone in der Hand zu stecken. Einerseits befreien die magischen Apparaturen den Einzelnen vom mühseligen Suchen und Finden, von aufwendigen physischen und intellektuellen Arbeitsprozessen, und andererseits wird er immer gläserner und manipulierbarer. Beispiele für letzteren Vorgang braucht man nicht lange suchen. Paradigmatisch hier das von Google proklamierte »Google knows you better than you know yourself«, das Ende der Privatsphäre nach Zuckerberg. Die immer weiter fortschreitende KI-fizierung unserer Welt verweist auf die brennenden Fragen unserer digitalen Gegenwart und Zukunft: Wie eigenständig und frei entscheiden wir uns wirklich, wenn die Sensoren, Filter und Profile (nach Morozov) in unseren Geräten immer leistungsstärker werden? Wie steht es um das andere Leben nach Foucault? Oder konkreter formuliert: Wie autonom denken und handeln wir, wenn die automatisierten Partner-, Berufs- und Produkt-Empfehlungen sich zusammen mit den Essens-, Lese- und Fitness-Empfehlungen immer weiter zu einem hermetischen Ganzen zusammenschließen?

Letztlich geht es bei der hier gestellten Frage nach Wahrheit um die Frage nach Wahrheitskonstruktionen und den damit zusammenhängenden Machtverhältnissen in einer Welt, in der sich KI als Strukturierungsgewalt etabliert hat. Eines können wir bereits heute mit Sicherheit sagen: Die »Selbstbegegnung im Vollzug der Maschinenbedienung«[340] ist keiner Anthropologie der Fließbandarbeit mehr zuzuordnen, sondern ein allgemeiner Lebensmodus. Der Computer ist unsere Wahrheit geworden und die Nähe zum Gerät lässt sich als Conditio sine qua non des Lebens im 21. Jahrhundert ausmachen.

Die »Menschenhaufen«, die sich in Ecken und Sackgassen sammeln, die auf ihre Bildschirme starren und nach Möglichkeiten Ausschau halten, werden dann ganz konkret zu den »Useless People«, von denen Harari spricht. Es geht bei ihm um die maschinelle Verdrängung von Menschen aus den meisten Tätigkeiten und das Entstehen einer neuen Klasse von »nutzlosen Menschen«. Computer, die in allen Bereichen des gesellschaftlichen Lebens immer schneller und schneller, besser und besser würden, würden uns zwangsläufig überflüssig machen. Diese Argumentation führt für Harari zu der entscheidenden wissenschaftlichen, politischen und wirtschaftlichen Frage des 21. Jahrhunderts: »Wofür brauchen wir Menschen?« Oder ein wenig entschärfter: »Wofür brauchen wir so viele Menschen?« Nach einer möglichen Antwort gefragt erwidert Harari: »Ich vermute, dass derzeit die beste vorläufige Lösung die folgende ist: halte die Menschen mit Computerspielen und Medikamenten glücklich.«[341]

Der erfolgreichste Philosophie-Autor der Welt bezeichnet den Menschen – das wundersame Wesen, das sich über die Jahrmillionen zu dem gemacht hat, was es ist – offiziell als nutzlos und erklärt ihn so zum Ballast der zukünftigen digitalen Welt. Dieses Gefühl der Nutzlosigkeit begleitet uns und muss uns beschämen. Und als wären wir alle – im Freud'schen Sinne – mit Kompensationsleistungen dieser Scham beschäftigt. befasst man sich lieber mit technischen Problemen, die technisch gelöst werden wollen. »Alles Leben ist Problemlösen« hieß es einmal. Aber wenn das Leben nur Problemlösen wäre, entbehrte es nicht seiner geheimnisvollen Unzugänglichkeit, die uns zur philosophischen Auseinandersetzung zwingen würde? Die Useless People bei Harari stehen paradigmatisch für einen absurd gewordenen technischen Zugang zur Welt. Seine Frage nach dem, wofür wir Menschen denn noch bräuchten, verdeutlicht die Brisanz der Situation.

Epilog

Es macht im Grunde keinen Sinn: Wir, auf einem kleinen blauen Planeten, in irgendeinem abgelegenen Winkel des Weltalls. Und das ist gut so. Denn die Sinnlosigkeit eröffnet erst die Freiheitsräume, die der Mensch zur selbstbewussten Gestaltung seines Daseins und Denkens braucht. Wie sähe das Leben mit einem klar bestimmbaren Sinn, einer eindeutigen Wahrheit denn aus?

Überhaupt: Die Eindeutigkeit. Thomas Bauer spricht in seinem Essay *Die Vereindeutigung der Welt. Über den Verlust an Mehrdeutigkeit und Vielfalt* von einer dem Kapitalismus und der Digitalisierung innewohnenden Tendenz. Er sieht in dem atemlosen Taumel der von der Digitalökonomie getriebenen Gesellschaft ganz konkret den Verlust der Vielfalt in allen Bereichen des Lebens. Sie verliert sich in der »Eindeutigkeit des Marktwerts« und lässt den Eigenwert der Dinge verschwinden. Bauer resigniert aber nicht. Er hält die Rückbesinnung auf die zentralen bedeutungstragenden Elemente unserer kulturellen Entwicklung aber für unumgänglich. Die Dinge laufen zwar aus dem Ruder. »Dennoch könnte es noch möglich sein, den Prozess der Bedeutungsvernichtung durch fundamentalistische Vereindeutigung einerseits und durch bedeutungsnegierende Gleichgültigkeit andererseits zumindest zu bremsen.«[342]

Der französische Philosoph Éric Sadin spricht in diesem Zusammenhang von einer zweifachen Neupositionierung des Menschen im 21. Jahrhundert. Zum einen wird der Mensch »in ontologischer Hinsicht« nicht mehr »als das einzige mit Urteilsfähigkeit begabte Wesen« gelten. Er wird »durch eine neue, als überlegen angesehene Wahrheitsinstanz verdrängt«. Der Mensch, der nicht mehr das Subjekt der Geschichte sei, war eines der umstrittenen technikkritischen Theoreme von

Günther Anders, der sich dabei auf Martin Heidegger bezog. In ihrem Sinne ließe sich die folgende, zu ihrer Zeit noch überzogen klingende Äußerung in die Gegenwart stellen: Die Maschine ist das neue Subjekt der Geschichte. Sadins zweite Neupositionierung betrifft die konkrete Lebensgestaltung des Menschen: Nicht mehr er »übt mithilfe seines Geistes, seiner Sinne und seines Wissens Gestaltungsmacht aus, sondern eine als leistungsfähiger angesehene Interpretations- und Entscheidungsgewalt, die ihn aus immer weiteren Lebensbereichen ausschließen soll, nicht zuletzt aus dem Arbeitsleben«.[343]

Dem Argument, dass Technik nur neutrales Mittel zur Erreichung von Zwecken sei, muss gerade heute – in wahrheitsfreien Zeiten – mit äußerster Vorsicht begegnet werden. Denn die – technisch gesehen – richtige Aussage verdeckt die tieferliegende Dimension des Wesens der Technik selbst. Unabhängig von einzelnen Werkzeugen und Maschinen, einzelnen technischen Projekten und ganzen Industriezweigen, die wir hier als materiale Erscheinungen von Technik klassifizieren, wirkt Technik als für sich stehender Weltbezug bereits grundlegend auf den Menschen ein. So wird dann das Leben – ganz technisch – zum Problemlösen, ein neutraler Wurf in verschiedene Problemlösungsszenarien. Und die Gedanken, die man sich darüber macht, sind dann richtig (im Sinne von effizient) oder falsch (im Sinne von ineffizient).[344] Vor diesem Hintergrund wird alles erklärbar, alles gewinnt seinen schnöden technischen Kontext. Die »Useless People« nach Harari werden dann plausibel und der Computer allgegenwärtig.

Im Konvolut der Apparate macht sich schon seit einiger Zeit eine metaphysische Befangenheit breit. Heute mehr denn je: GPS-trackbar und HD-Kamera-durchleuchtet machen (untechnische) Wahrheiten eine zunehmend sperrige Figur. Ihre Konsistenz und Statur passen nicht mehr so recht in unsere verrechnete Welt. Man spricht von postfaktischen Zeiten. Und da geht es offiziell nicht mehr um den Wahrheitsgehalt, sondern um die sogenannte »truthiness«. Mit dem Begriff wird ironisch der Wesenszug einer Aussage beschrieben, die so genau in das Vorwissen und die darauf basierenden Überzeugungen der

Menschen passt und sich darum so wahr »anfühlt«, dass man auf die Überprüfung ihres tatsächlichen Wahrheitsgehaltes verzichtet.

Dabei sind nur wir Menschen dazu fähig. Nur wir haben diesen dubiosen Wahrheitstrieb, der nicht nur technisch Probleme lösen will, der nicht nur nach »Truthiness« sucht. Es geht ans Eingemachte. Es geht wirklich um die Suche nach Wahrheit. Wir sollten diesem unerklärlichen Wahrheitstrieb folgen, ihn nähren, uns gegenseitig anstacheln, Wahrheiten zu suchen. Denn nichts ist öder, leerer als eine Menschheit, die sich offenkundig dazu bekennt, keine Wahrheiten mehr zu haben. Eine Menschheit, die sich selbst und ihre Welt als Gemengelage technischer und wissenschaftlicher Probleme begreift und aus dem Grund auf technische Lösungen geeicht ist. Genau hier wird die Theorie der »Useless People« fragwürdig. Denn auch wenn der Mensch in Sachen Problemlösungsverfahren hinter die Kapazitäten der digitalen Sphäre zurückfallen wird, so wird er doch immer das Wesen sein, das einen Wert in sich trägt, dem nicht mit Rechenleistung begegnet werden kann. Die Menschen werden erst dann »useless«, wenn man das Leben technisch begreift und auf den technischen Fortschritt verkürzt.

Indes: Die Faszination für die menschliche Situation hier auf der Erde bleibt. Dieses sonderbare Wesen, das »in der Gleichgültigkeit seines Nichtwissens« und »gleichsam auf dem Rücken eines Tigers in Träumen hängend« sich selbst entwerfen muss. Sich damit etwas zumuten muss, das es kaum bewerkstelligen kann. Und damit bleibt die Frage Nietzsches offen: »Woher, in aller Welt, bei dieser Konstellation der Trieb zur Wahrheit!«? Die Natur »warf den Schlüssel weg: und wehe der verhängnisvollen Neubegier, die durch eine Spalte einmal aus dem Bewußtseinszimmer heraus und hinabzusehen vermöchte, und die jetzt ahnte, daß auf dem Erbarmungslosen, dem Gierigen, dem Unersättlichen, dem Mörderischen der Mensch ruht«[345].

Wäre eine Welt voller technischer Lösungen nicht ohnehin langweilig, weil man sich die Anstrengung, die Angst, den

Seiltanz der Individuation einfach sparen könnte? Das Floß des Lebens nicht mehr losbinden und auf die offene See fahren müsste. »Wie auf dem tobenden Meer, das, nach allen Seiten unbegrenzt, heulend Wasserberge erhebt und senkt, auf einem Kahn ein Schiffer sitzt, dem schwachen Fahrzeug vertrauend; so sitzt, mitten in einer Welt voll Qualen, ruhig der einzelne Mensch, gestützt und vertrauend auf das principio individuationis.« Es scheint, als ob mit Schopenhauer die tobende See und darin das Individuum auf einem wackligen Boot eine grundlegende Facette des Menschseins beschreibt. Es ist eine vage Fahrt durch schwieriges Gewässer. Keiner ist vor ihm gefeit. Die Vieldeutigkeit des Lebens, die vielen Wahrheiten, die in uns stecken und uns umgeben, erzeugen eine Tiefenstaffelung, die das Leben zu dem gewaltigen Ereignis macht, das es ist. Das Wunder Mensch geht auf die tobende Unerklärlichkeit zurück. Die Situation des Menschen, der schwindend in dieses Leben geworfen ist, lässt sich – wenn überhaupt – nur lyrisch andeuten: Wir sind »wie die zerstäubenden Tropfen des tobenden Wasserfalls«, die nur augenblicksweise in dieses Leben geworfen sind, Tropfen, die »mit Blitzesschnelle wechseln, während der Regenbogen, dessen Träger sie sind, in unbeweglicher Ruhe feststeht, ganz unberührt von jenem rastlosen Wechsel«[346].

Dem atemlosen Prozess der Bedeutungsvernichtung – im Sinne Bauers – und der trostlosen ontologisch-anthropologischen Neupositionierung des Menschen nach Sadin und Harari muss mit der Suche nach Wahrheiten entgegengearbeitet werden. Dem altgriechischen Begriff der *episteme* muss der Raum gegeben werden, den sie benötigt. Wahrheit muss gesucht werden: im Sternenhimmel, in uns selbst, in Lust und Leid, im Augenblick und in unserem ominösen Willen zur Transzendenz. Nicht so sehr aus Selbstüberschätzung und Geltungsbedürfnis, auch nicht unbedingt aus technikfeindlichem Trotz. Sondern aus einem in uns angelegten Bedürfnis heraus. Wir sind dazu fähig, uns als die wundersamen und komplexen Kreaturen wahrzunehmen, die wir sind. Die besten menschlichen Charaktereigenschaften gehen ohnehin mit dem Trieb nach Wahrheit zusammen: die Neugier und das Staunen. Wir müssen Wahrheit*en* suchen. Denn sie sind Teil unseres Wesens. Die Suche nach ihnen ist das Programm, das uns – ganz ohne Anwendung eines Apparats – zu dem macht, was wir sind.

Literaturverzeichnis

Adorno, Theodor W.: Gesammelte Schriften in 20 Bänden. Frankfurt a.M. 2003.
– Theorie der Halbbildung (Einzelausgabe). Frankfurt a.M. (1959) 2006.
– Erziehung zur Mündigkeit. Textzusammenstellung von G. Kadelbach (Hg.). Frankfurt a.M. 1971.
– Nachgelassene Schriften. Abteilung 1: Fragment gebliebene Schriften. Band 1 – Beethoven. Philosophie der Musik. Frankfurt a.M. 2003.
– Die musikalischen Monographien. Frankfurt a.M. 1986.
– /Max Horkheimer: Dialektik der Aufklärung. Philosophische Fragmente. Frankfurt a.M. 2011.
Anders, Günther: Antiquiertheit des Menschen. Band I. Über die Seele des Menschen im Zeitalter der zweiten industriellen Revolution. München 1994.
– Antiquiertheit des Menschen. Band II. Über die Zerstörung des Lebens im Zeitalter der dritten industriellen Revolution. München 1988.
– Ketzereien. München 1996.
– Die atomare Drohung. Radikale Überlegungen zum atomaren Zeitalter. München 2003.
– Besuch im Hades. München 1996.
– Lieben Gestern. Notizen zur Geschichte des Fühlens. München 1986.
– Gegen ein neues und endgültiges Nagasaki. In: T.-W.-Adorno-Preis 1983 der Stadt Frankfurt a.M. Herausgegeben vom Dezernat Kultur und Freizeit. Frankfurt a.M. 1983.
– Musikphilosophische Schriften. Texte und Dokumente. Herausgegeben von Reinhard Ellensohn. München 2017.
Angerer: Nicht-bewusst: Affektive Kurzschlüsse zwischen Psyche und Maschine. Wien 2022.
Arendt, Hannah: Wahrheit und Lüge in der Politik. München 1972.
– Vita Activa oder Vom tätigen Leben. München 1993.
– Vom Leben des Geistes: Das Denken – Das Wollen. München 1998.
– im Gespräch mit Joachim Fest: »Eine Rundfunksendung aus dem Jahr 1964«. Herausgegeben von Ursula Ludz und Thomas Wild. Berlin 1964.
Aristoteles: Vom Himmel, von der Seele, von der Dichtkunst, München 1987.
Augustinus: Bekenntnisse. Ditzingen 1989.
Barone, Paul: Schiller und die Tradition des Erhabenen. Berlin 2004.

Baudrillard, Jean: Agonie des Realen. Berlin 1979.
Bauer, Thomas: Die Vereindeutigung der Welt. Über den Verlust an Mehrdeutigkeit und Vielfalt. Ditzingen 2021.
Billeter, Bernhard/Dominik Sackmann (Hg.): Musiktheorie und musikalische Praxis: Gesammelte Aufsätze. Die Musik in Hegels Ästhetik. Bern 2004.
Brieler, Ulrich: Die Unerbittlichkeit der Historizität. Foucault als Historiker, Köln 1998.
Bunz, Mercedes: Die stille Revolution. Wie Algorithmen Wissen, Arbeit, Öffentlichkeit und Politik verändern, ohne dabei viel Lärm zu machen. Frankfurt a. M. 2012.
Clausing-Lage, Vincent: Aratos Phainomena – astronomische und meteorologische Phänomene als Bilder der Umwelt, Tübingen 2019.
Diels, Hermann: Die Fragmente der Vorsokratiker. Berlin 1906.
Ebert, Theodor: Meinung und Wissen in der Philosophie Platons. Berlin 1974.
Ellensohn, Reinhard: Der andere Anders. Günther Anders als Musikphilosoph. Frankfurt a. M. 2008.
Epikur: Wege zum Glück. Herausgegeben und übersetzt von Rainer Nickel. Düsseldorf/Zürich 2005.
Flusser, Vilém: Alphanumerische Gesellschaft. In: Der Flusser-Reader. Zu Kommunikation, Medien und Design. Mannheim 1996.
Foucault, Michel (1977): Die Ordnung des Diskurses, Frankfurt 1977.
– Dispositive der Macht. Michel Foucault über Sexualität, Wissen und Wahrheit, Berlin 1978.
– Freiheit und Selbstsorge, Frankfurt a. M. 1985.
– Das Wahrsprechen des Anderen. 2 Vorlesungen von 1983/84, Frankfurt a. M. 1988.
– Die Ordnung des Diskurses, Frankfurt a. M. 1991.
– Was ist Kritik? Berlin 1992.
– Diskurs und Wahrheit. Die Problematisierung der Parrhesia, Berlin 1996.
– Dits et Ecrits 1–4, Frankfurt a. M. 2001–2005.
– Die Regierung des Selbst und der anderen, Frankfurt a. M. 2009.
– Der Mut zur Wahrheit. Die Regierung des Selbst und der anderen II, Frankfurt a. M. 2010.
Frauenstädt, Julius: Schopenhauer-Lexikon. Ein philosophisches Wörterbuch nach Arthur Schopenhauers sämmtlichen Schriften und handschriftlichem Nachlaß. Leipzig 1871.
Freud, Sigmund: Jenseits des Lustprinzips. Studienausgabe, Bd. 3 (Psychologie des Unbewussten), Frankfurt a. M. 1982.
– Die Traumdeutung. Über den Traum. Frankfurt a. M. 1942.

– Zeitgemäßes über Krieg und Tod. Warum Krieg? Der Briefwechsel mit Albert Einstein. Ditzingen 2012.
Fromm, Erich: Zen-Buddhismus und Psychoanalyse. Frankfurt a.M. 1963.
Gebhardt, Elke: Gaspard Koenig: »Das Ende des Individuums.« Mit künstlicher Intelligenz zur freiwilligen Knechtschaft?, unter https://www.deutschlandfunkkultur.de/gaspard-koenig-das-ende-des-individuums-mit-kuenstlicher-100.html
Geyer, Oliver (2014): Es gibt keine Wahrheit, aber wir brauchen sie. Interview mit Siegfried J. Schmidt, einsehbar unter https://www.fluter.de/es-gibt-keine-wahrheit-aber-wir-brauchen-sie-0.
Gibran, Khalil: Der Prophet. München 2008.
Goethe, Johann Wolfgang von: Vermächtnis. Online-Gedichte-Sammlung einsehbar unter: https://www.projekt-gutenberg.org/goethe/gedichte/chap420.html.
Guattari, Félix: Les Trois Écologies. Paris, 1989. In: Erich Hörl (Hg.): Die technologische Bedingung. Frankfurt a.M. 2011.
Haefeli, Rebekka: Durchschnittlich lügt jeder 25 Mal am Tag. https://www.nzz.ch/panorama/durchschnittlich-luegt-jeder-25-mal-am-tag-ld.1442957#:~:text=Häufig%20sagen%20wir%20die%20Wahrheit,200%20Mal%20am%20Tag%20lügt.
Harari, Yuval Noah: Homo Deus: Eine Geschichte von Morgen. München 2021.
– Why humans run the world. TED-Talk einsehbar unter www.youtube.com/watch?v=nzj7Wg4DAbs&t=942s.
Hegel, Georg Wilhelm Friedrich: Phänomenologie des Geistes. Frankfurt a.M. 1998.
– Ästhetik I-III, Frankfurt a.M. 1986.
– Das älteste Systemprogramm des deutschen Idealismus. In: Werke. Band 1, Frankfurt a.M. 1979.
– Wissenschaft der Logik. Frankfurt a.M. 1986.
Hillenkamp, Sven: Das Ende der Liebe. Gefühle im Zeitalter unendlicher Freiheit. München 2012.
Heidegger, Martin: Wegmarken. Frankfurt a.M. 1978.
– Grundfragen der Philosophie, Ausgewählte Probleme der Logik. Freiburger Vorlesung vom Wintersemester 1937–38. Gesamtausgabe Band 45. Frankfurt a.M. 1984.
– Heraklit, Freiburger Vorlesungen vom Sommersemester 1943 und 1944. Gesamtausgabe Band 55. Frankfurt a.M. 1979.
– Holzwege. Frankfurt a.M. 1980.
– Die Technik und ihre Kehre. Pfullingen 1982.
– Einführung in die Metaphysik. Tübingen 1987.

– Metaphysische Anfangsgründe der Logik im Ausgang von Leibniz (Sommersemester 1928). Frankfurt a. M. 2007.
– Sein und Zeit. Tübingen 1979.
Herder, Johann Gottfried: Abhandlung über den Ursprung der Sprache. Hamburg 1964.
Hildebrandt, Helmut: Weltzustand Technik. Ein Vergleich der Technikphilosophien von Günther Anders und Martin Heidegger. Berlin 1990.
Honneth, Axel: Verdinglichung. Eine anerkennungstheoretische Studie. Frankfurt a. M. 2005.
Hume, David: Traktat über die menschliche Natur I. Hamburg 2013.
Huxley, Aldous: Die Pforten der Wahrnehmung. Himmel und Hölle. Erfahrungen mit Drogen. München 2021.
Hörl, Erich: Die technologische Bedingung. Frankfurt a. M. 2011.
Husserl, Edmund: Cartesianische Meditationen und Pariser Vorträge. Husserliana I. Den Haag 1950.
Jacobi, Klaus: J.-P. Sartres Weg zu einer Philosophie der konkreten Praxis. In: Paulus Engelhardt (Hrsg.): Zur Theorie der Praxis: Interpretationen und Aspekte. Mainz 1970, S. 111–162.
Jaspers, Karl: Die Atombombe und die Zukunft des Menschen. München 1982.
– Vom Ursprung und Ziel der Geschichte. München 1983.
Kant, Immanuel: Träume eines Geistersehers, erläutert durch Träume der Metaphysik. Hamburg 2022.
– Allgemeine Naturgeschichte und Theorie des Himmels: Oder Versuch von der Verfassung und dem mechanischen Ursprunge des ganzen Weltgebäudes nach Newtonischen Grundsätzen abgehandelt. Thun 2009.
– Kritik der reinen Vernunft. Hamburg 1990.
– Kritik der praktischen Vernunft. Hamburg 2003.
– Kritik der Urteilskraft. Hamburg 2009.
Kierkegaard, Sören: Der Begriff Angst. Vorworte. Krankheit zum Tode. In: Gesammelte Werke und Tagebücher hg. von Hirsch, Gerdes. Gütersloh 1979.
Kittler, Friedrich: Optische Medien: Berliner Vorlesung 1999 (Internationaler Merve Diskurs: Perspektiven der Technokultur). Berlin 2002.
Kraftwerk (Ralf Hütter/Florian Schneider): Computerwelt, 1981. Zu hören unter: URL https://www.youtube.com/watch?v=5lUyV7-p13U [Zugriff am 15. 2. 2018].
Liessmann, Konrad Paul: Sören Kierkegaard zur Einführung. Hamburg 1993.
– Die großen Philosophen und ihre Probleme. Wien 2003.
– Alle Lust will Ewigkeit. Mitternächtliche Betrachtungen. München 2021.

– Günther Anders – Philosophieren im Zeitalter der technologischen Revolutionen. München 2002.
– Philosophie des verbotenen Wissens. Wien 2000.
– Heidegger Technik-Kritik: Von Menschen und Technik: Von der Apokalypse-Angst zur Euphorie. https://www.tagesspiegel.de/kultur/von-menschen-und-technik-von-der-apokalypse-angst-zur-euphorie-763861.html.
Marx, Karl: Das Kapital. Köln 2009.
– Grundrisse der Kritik der Politischen Ökonomie. Berlin 1974.
– Zur Kritik der Hegelschen Rechtsphilosophie. Einleitung. In: Marx, Karl; Engels, Friedrich: Werke. Berlin. Band 1. Berlin 1976.
McLuhan, Marshall: Das Medium ist die Botschaft, 2001. In: Die magischen Kanäle – Understanding Media. München (1964) 2001.
Metzler-Lexikon Philosophie: Eintrag zu Alethaia einsehbar unter URL: https://www.spektrum.de/lexikon/philosophie/aletheia/81.
Morozov, Evgeny: Smarte Neue Welt. Digitale Technik und die Freiheit des Menschen. München 2013.
– Eine humane Gesellschaft durch digitale Technologien? Frankfurt a.M. 2016.
Mumford, Lewis: Mythos der Maschine. Kultur, Technik und Macht. Frankfurt a.M. 1978.
Nancy, Jean-Luc: Vom Schlaf. Zürich 2022.
Nietzsche, Friedrich: Über Wahrheit und Lüge im außermoralischen Sinne. Ditzingen 2019.
– Sämtliche Werke. Kritische Studienausgabe (KSA), hrsg. Giorgio Colli, Mazzino Montinari. München 1980.
Ovid: Metamorphosen XII. Stuttgart 1986.
Platon: Theaitetos. Stuttgart 2003.
– Hippias minor. Der kleine Dialog. (De mendacio). Nach der Übersetzung von Friedrich E.D. Schleiermacher in: Platons Werke, ersten Teiles zweiter Band, dritte Auflage. Berlin 1855.
– Timaios. Ditzingen 2013.
Restle, Georg: Stürmische Zeiten – Was dürfen Medien? 2017 unter URL: https://www1.wdr.de/daserste/monitor/interaktiv/blog-was-duerfen-medien-100.html [Zugriff am 15.8.2023].
Rilke, Rainer Maria: Sämtliche Werke. Band 1–6, Band 1. Wiesbaden und Frankfurt a.M. 1955–1966.
Raaflaub, Kurt: Des freien Bürgers Recht der freien Rede. Ein Beitrag zur Begriffs- und Sozialgeschichte der athenischen Demokratie. In: Studien zur antiken Sozialgeschichte: Festschrift Friedrich Vittinghoff. Köln 1980.
Reményi, Matthias: Der Tod als Grenze des Lebens und des Denkens: eine thanatologische Skizze. Tübingen 2014.

Sadin, Eric: Künstliche Intelligenz. Das geht zu weit! (Gastbeitrag in der Zeit vom 7.6.2017) einsehbar unter https://www.zeit.de/2017/24/kuenstliche-intelligenz-digitalisierung-machine-learning-mensch.

Sartre, Jean Paul: Der Existentialismus ist ein Humanismus. Und andere philosophische Essays 1943–1948. Reinbek 2018.

– Das Sein und das Nichts. Reinbek 2003.

– Geschlossene Gesellschaft. Frankfurt a. M. 1986.

Schiller, Friedrich: Über das Erhabene, einsehbar unter https://www.projekt-gutenberg.org/schiller/erhaben/erhaben.html.

Schmitt, Peter: Medienkritik zwischen Anthropologie und Gesellschaftstheorie. Zur Aktualität von Günther Anders und Theodor W. Adorno. Paderborn 2020.

– Postdigital: Medienkritik im 21. Jahrhundert. Hamburg 2021.

Schopenhauer, Arthur: Die Welt als Wille und Vorstellung. Frankfurt a. M. 1988.

– Vorlesung über Die gesamte Philosophie oder die Lehre vom Wesen der Welt und dem menschlichen Geiste. Teil 3: Metaphysik des Schönen. Hamburg 2018.

Sontag, Susan: On Photography. New York 1977.

Stern, Günther: Philosophische Untersuchungen über musikalische Situationen. Wien, 1930/31 (Typoskript aus dem Nachlass Günther Anders. Literaturarchiv der Österreichischen Nationalbibliothek 237/04).

Taureck, Bernhard H. F.: Die Sophisten. Wiesbaden 1995.

Thrift, Nigel: Remembering the Technological Uncouncious by Foregrounding Knowledges of Position. In: Knowing Capitalism. London, 2005. In (Hg.) Hörl, Erich: Die technologische Bedingung. Frankfurt a. M. 2011.

Troxler, Ignaz Paul Vital: Blicke in das Wesen des Menschen. Aarau 1812.

Tugendhat, Ernst: Der Wahrheitsbegriff bei Husserl und Heidegger. Berlin 1970.

Whitman, Walt: Leaves of Grass. Facsimile Edition. Portland/Maine 1855.

Wittgenstein, Ludwig: Tractatus logico-philosophicus. Logisch-philosophische Abhandlung. Frankfurt a. M. 1963.

Anmerkungen

1 Nietzsche: Über Wahrheit und Lüge im außermoralischen Sinne, S. 9.

2 Kant: Kritik der praktischen Vernunft, S. 161.

3 Ebd., S. 162.

4 Clausing-Lage: Aratos *Phainomena* – astronomische und meteorologische Phänomene als Bilder der Umwelt, S. 10.

5 Nietzsche: Über Wahrheit und Lüge im außermoralischen Sinne, S. 9.

6 Mumford: Mythos der Maschine. Kultur, Technik und Macht, S. 48 f.

7 Ebd.

8 Clausing-Lage: Aratos *Phainomena* – astronomische und meteorologische Phänomene als Bilder der Umwelt, S. 48.

9 Gigon in Aristoteles: Vom Himmel, von der Seele, von der Dichtkunst, S. 183.

10 Platon: Timaios, S. 53.

11 Kant: Kritik der reinen Vernunft, S. 89.

12 Kant: Allgemeine Naturgeschichte und Theorie des Himmels, S. 200.

13 Schiller: Über das Erhabene.

14 Barone: Schiller und die Tradition des Erhabenen, S. 138.

15 Kant: Kritik der Urteilskraft, S. 185 f.

16 Schopenhauer: Die Welt als Wille und Vorstellung, S. 287 f.

17 Hegel: Das älteste Systemprogramm des deutschen Idealismus, S. 234.

18 Huxley: Die Pforten der Wahrnehmung. Himmel und Hölle. Erfahrungen mit Drogen, S. 11. Unübersehbar ist die Auseinandersetzung mit dem tradierten britischen Literaturkanon der Schulzeit, hier mit John Donnes berühmtem Gedicht »No Man is an Island«.

19 Schopenhauer: Die Welt als Wille und Vorstellung, S. 33.

20 Ebd., S. 34 f.

21 Fromm: Zen-Buddhismus und Psychoanalyse, S. 39.

22 Schopenhauer zit. nach Frauenstädts Schopenhauer Lexikon, S. 257.

23 Rilke: 9. Duineser Elegie.

24 Hume: Traktat über die menschliche Natur I, 338.

25 Perzeptionen sind bei Hume alle Bewusstseinsinhalte. Sie zerfallen in die beiden großen Bereiche der »Impressions« und »Ideas«. Innerhalb der Impressionen sind die äußeren Sinneswahrnehmungen nur ein Teilbereich.

26 Hume: Traktat über die menschliche Natur I., S. 337.

27 Ebd., S. 339.

28 Ebd., S. 340.

29 Weltfremdheit ist ein zentraler Begriff in Günther Anders' frühen anthropologischen Schriften. Dort porträtiert er den Menschen als ein Wesen, das immer erst nachträglich zur Welt kommt und sich immer wieder aufs Neue selbst bestimmen und in der Welt heimisch machen muss. »Künstlichkeit ist die Natur des Menschen und sein Wesen ist Unbeständigkeit«, schreibt er in Anlehnung an Helmuth Plessner. Vgl. Anders: Die Weltfremdheit des Menschen. Schriften zur philosophischen Anthropologie.

30 Kierkegaard: Der Begriff Angst, S. 60.

31 Ebd., S. 48.

32 Ebd. S. 61.

33 Nietzsche: Also sprach Zarathustra, KSA 4, S. 12.

34 Nietzsche: Fröhliche Wissenschaft, KSA 3, S. 126 ff.

35 In diesem Absatz stehen Fromulierungen, die aus einem vom Autor verfassten früheren Buch stammen. Vgl. Postdigital: Medienkritik im 21. Jahrhundert, 2021.

36 Vgl. Angerer: Nicht-bewusst: Affektive Kurzschlüsse zwischen Psyche und Maschine, 2022.

37 Thrift: Movement-Space: The Changing Domain of Thinking Resulting from the Development of new kinds of Spatial Awareness, 2004, S. 584 f.

38 Liessmann: Das Universum der Dinge, 2010, S. 11 f.

39 Ebd., S. 12.

40 Heidegger: Holzwege, S. 304.

41 Hildebrandt: Weltzustand Technik. Ein Vergleich der Technikphilosophien von Günther Anders und Martin Heidegger, S. 40.

42 Jaspers: Vom Ursprung und Ziel der Geschichte, 1983, S. 161. Das Zitat steht hier vor allem exemplarisch für einen Technik verharmlosenden Mainstream, wie er auch heute weit verbreitet ist. Jaspers hatte hier sicherlich eine wesentlich differenziertere Sicht auf die Dinge. Gerade wenn es um die aus der Kontrolle geratene Entwicklung der Waffentechnik – namentlich der Atombombe – ging, vertrat er eine kritischere Meinung. Vgl. exempl. Jaspers: Die Atombombe und die Zukunft des Menschen, 1982, S. 221 ff.

43 Heidegger: Grundfragen der Philosophie, S. 17.

44 Anders: Antiquiertheit des Menschen I, S. 99.

45 Kittler: Optische Medien, S. 35.

46 Ebd., S. 294.

47 Ebd., S. 297.

48 Im Material – so könnte man den Gedanken im Sinne von Adornos Kunsttheorie weiterspinnen – bliebe der Computerkünstler dann authentisch, würde er ausschließlich mit Bits und Zahlen hantieren. Auf dieser Ebene hätte man die Möglichkeit, am Puls der Zeit etwa den kunst- und gesellschaftstheoretisch relevanten »sedimentierten Geist« zu thematisieren (vgl. Adorno: Philosophie der neuen Musik, S. 39). An dieser Stelle bietet sich ein Verweis auf das Stück »Nummern« der Band »Kraftwerk« (aus dem Album »Computerwelt«), 1981, an. Zu hören unter: URL https://www.youtube.com/watch?v=5lUyV7-p13U [Zugriff am 15. 8. 2023].

49 Kittler: Optische Medien, S. 295.

50 Ebd., S. 297.

51 Liessmann: Heidegger Technik-Kritik. Von Menschen und Technik: Von der Apokalypse-Angst zur Euphorie, 2001.

52 Anders: Antiquiertheit des Menschen I, S. 2.

53 Hegel: Phänomenologie des Geistes, S. 22.

54 Anders: Antiquiertheit des Menschen II, S. 113.

55 Heidegger: Sein und Zeit, S. 412.

56 Vgl. hierzu Schmitt: Medienkritik zwischen Anthropologie und Gesellschaftstheorie. Zur Aktualität von Günther Anders und Theodor W. Adorno, S. 43 ff. Zu den geläufigsten Einwänden gegen die kritischen Arbeiten von Anders gehören sicherlich der des Pathos der Resignation und damit derjenige der Übertreibung seiner Kritik hin zur Schwarzmalerei. In seinem Œuvre erkannte Anders selbst »so etwas wie eine Enzyklopädie der apokalyptischen Welt« (Anders: Gegen ein neues und endgültiges Nagasaki, S. 174). Beiden Vorwürfen – dem des Pessimismus und insbesondere dem der Übertreibung – hätte er nicht widersprochen. Im Gegenteil – und damit stand er auf methodischer Ebene den Vertretern der Kritischen Theorie sehr nahe (vgl. Horkheimer, Adorno: Dialektik der Aufklärung, S. 126).

57 Anders: Antiquiertheit des Menschen II, S. 113.

58 Ebd., S. 428. Anders' Untersuchungen zu den Implikationen moderner Technologien führen ihn zu Reflexionen über die Atombombe. In ihrer Existenz bündelt sich das ›prometheische Dilemma‹ des modernen Menschen. Was macht die Bombe mit uns? Was ist ihre letzte Konsequenz? 1972 stellt Anders in seinem Buch über die »atomare Situation« diese letzte Konsequenz in den Raum: »Der den heutigen Maschinen eingebaute Trend, ohne den keine Maschine eine Maschine wäre, zielt darauf ab, ein Höchstmaß an Effekt und Machtkonzentration mit einem Mindestaufwand an menschlicher Kraftinvestierung zustande zu bringen. Dies ist die Idee der Technik. [...] Nichts wäre nämlich kurzsichtiger zu glauben, als daß die Möglichkeit unserer Liquidierung nur ein zufälliges Nebenprodukt einiger spezieller Apparate, z. B. der Atomwaffen,

sei. Vielmehr ist die Möglichkeit unserer Liquidierung das Prinzip, das wir allen unseren Apparaten mitgeben. Denn worauf wir abzielen, ist ja stets etwas zu erzeugen, was unsere Gegenwart und Hilfe entbehren und ohne uns klaglos funktionieren könnte – und das heißt ja nichts anderes als Geräte, durch deren Funktionieren wir uns überflüssig machen [...]. Was zählt ist die Tendenz. Und deren Parole heißt eben: Ohne uns.« (Anders: Die atomare Drohung. Radikale Überlegungen zum atomaren Zeitalter, S. 194 f.) Seine Überlegungen gewinnen im Kontext konkreter nuklearer Bedrohung dieser Tage wieder an Aktualität. Die Szenarien eines Atomkrieges werden aktuell in einem FAZ-online-Artikel mit dem Titel »Putins neue Drohungen. Szenarien für den nuklearen Ernstfall« diskutiert (Sattar, Schmidt, 2022).

59 ›Teilgebiet der Wirtschafts- und Industriepsychologie, das sich mit der Anpassung der Arbeitsplatzbedingungen an die Eigenarten des menschlichen Organismus befasst‹ (DWDS).

60 Anders: Antiquiertheit des Menschen I, S. 41.

61 Ebd., S. 42.

62 Anders: Antiquiertheit des Menschen II, S. 424.

63 Anders, der sich zur Zeit des Naziregimes im kalifornischen Exil aufhielt, hatte in verschiedenen Fabriken arbeiten müssen, um sich über Wasser zu halten. Gerade die Erfahrungen in Fabriken eröffneten ihm den für seine Technikkritik so charakteristischen, eindringlichen Blick auf die technischen Entwicklungen seiner Zeit.

64 Anders: Antiquiertheit des Menschen II, S. 424.

65 Anders: Antiquiertheit des Menschen I, S. 100.

66 Anders: Antiquiertheit des Menschen II, S. 99.

67 Die Unfestgelegtheit des Menschen ist ein zentrales Theorem der frühen anthropologischen Schriften von Anders. Mit ihm ist konstitutiv für das Menschsein eine »ontologische Differenz« zwischen Mensch und Welt, eine prinzipielle Form der Unzugehörigkeit, der Fremdheit. Gleichzeitig ist diese angsteinflößende Wahrheit der prinzipiellen Unfestgelegtheit der Existenz des Einzelnen dessen freiheitlichster Moment. Der Mensch ist nicht in einer Natur heimisch wie das Tier, das der seinen nicht entkommen kann. Er ist der Natur entkommen und hat sich eine künstliche Welt erschaffen. Aber auch in dieser ist er nicht wirklich heimisch. Er ist vielmehr verloren irgendwo zwischen der Natur und der Künstlichkeit der von ihm geschaffenen (technischen) Welt. Diese Verlorenheit ist die menschliche Grundkonstitution schlechthin, die nach zwei Seiten ausstrahlt: in Richtung Verlorenheit und Freiheit. Der Einzelne sei ebenso der »Verlorenheit« und somit der »Freiheit« ausgeliefert wie dem Raum und der Zeit. In einer eigenwilligen anthropologischen Modifikation der Erkenntnistheorie Kants beschreibt An-

ders die Unfestgelegtheit des Menschen als »das Apriori der ihm wesensmäßig zukommenden Aposteriorität« (Anders: Weltfremdheit des Menschen, S. 19).

68 Sartre: Geschlossene Gesellschaft, S. 61.

69 Anders nimmt mit seinen Konzepten der Unfestgelegtheit und Weltfremdheit einiges vom Existentialismus Sartres vorweg. Insbesondere mit den Aufsätzen *Une Interprétation de l'Aposteriori* (1934) und *Pathologie de la Liberté* (1936) antizipierte Anders einen Großteil des späteren Freiheitsbegriffs bei Sartre (Liessmann: Günther Anders – Philosophieren im Zeitalter der technologischen Revolutionen, S. 31 ff.).

70 Ebd., S. 37.

71 Anders: Antiquiertheit des Menschen I, S. 73.

72 Anders spricht (damals noch unter seinem Geburtsnamen Stern) von einer apriorischen Form der Unspezifizität – »Künstlichkeit ist die Natur des Menschen und sein Wesen ist die Unbeständigkeit« (Liessmann: Günther Anders – Philosophieren im Zeitalter der technologischen Revolutionen, S. 37).

73 Anders: Antiquiertheit des Menschen II, S. 9.

74 Sartre: Der Ekel, S. 131.

75 Anders: Antiquiertheit des Menschen I, S. 2.

76 Anders: Antiquiertheit des Menschen II, S. 424.

77 Sartre: Das Sein und das Nichts, S. 119.

78 Heidegger und Anders fertigten ihre pointiertesten technikkritischen Schriften in den fünfziger Jahren des 20. Jahrhunderts an. Der erste Band von Anders' *Antiquiertheit des Menschen* erscheint 1956 und Heideggers »Die Frage nach der Technik« 1959 in der Textsammlung *Vorträge und Aufsätze.* Heidegger hatte den Vortrag zu »Die Frage nach der Technik« bereits in den Jahren zuvor öffentlich gehalten. Oliver Müller betont in seinem Essay *Zwischen Mensch und Maschine. Vom Glück und Unglück des Homo Faber* die in Sachen Technikkritik außerordentliche Veröffentlichungsdichte von wegweisenden Werken in den 1950er Jahren. Neben Heidegger und Anders nennt er Hannah Arendts *The Human Condition* (1958), das in der deutschen Übersetzung *Vita activa* heißen wird. Zudem verweist er auf die weitgehend unbeachteten Aufsätze von Hans Blumenberg, deren Veröffentlichung auch in diese Zeit fällt. Interessanterweise erscheint auch Max Frischs *Homo Faber* im Jahr 1957.

79 Zuckerberg nach Scheer, 2016.

80 Zuckerberg nach Kirkpatrick, 2010.

81 Vgl. Schmitt: Medienkritik zwischen Anthropologie und Gesellschaftstheorie. Zur Aktualität von Günther Anders und Theodor W. Adorno, 194 ff.

82 Anders: Antiquiertheit des Menschen I, S. 102.

83 Ebd., S. 121.

84 Heidegger: Die Technik und ihre Kehre, S. 5.

85 Ebd., S. 21; Anders: Antiquiertheit des Menschen I, S. 52.

86 Anders: Antiquiertheit des Menschen II, S. 113.

87 Heidegger: Die Technik und ihre Kehre, S. 12.

88 Heidegger: Sein und Zeit, S. 102.

89 Heidegger: Die Technik und ihre Kehre, S. 17.

90 Mit der »Instagramability« bezeichnet man das Anlegen von App-spezifischen Qualitätsstandards an ein vorgefundenes Fotomotiv. Der Upload eines Fotos von einem »instagramablen« Ort auf der Welt, an dem sich der User befindet, ist zu einer Art Massenphänomen geworden. Das Ziel dabei ist, sich selbst als etwas Besonderes zu vermarkten. Je außergewöhnlicher, fotogener und somit »instagramabler«, desto mehr Likes. Der Ort ist dabei nur Mittel zum Zweck der Like- und Follower-maximierung (Diener, 2018).

91 Die von Google zur Verfügung gestellte Auswahl entspricht der personalisierten Algorithmisierung der Ergebnisse auf Basis der Suchanfrage des Autors vom 15.1.2022. Vgl. die Weblinks zu den genannten Seiten: *UX-Design: Glücklichere User durch positives Webdesign*, https://t3n.de/consent?redirecturl=%2Fmagazin%2Fux-design-gluecklichere-user-248877%2F und den RyteWiki Eintrag zu *Joy of Use*, https://de.ryte.com/wiki/Joy_of_Use (15.8.2023).

92 Die hier exemplarisch aufgelisteten Forschungsprojekte sollen eine Ahnung von der Breite und Vielgestaltigkeit des Feldes vermitteln. Sie erheben weder Anspruch auf Vollständigkeit der Ausrichtungen noch soll mit ihnen eine bestimmte Gewichtung vollzogen werden. In den »Affect- and Psychotechnology Studies« geht es um die Beforschung von technikinduzierten Affekten. Vgl. hierzu Angerer, Bösel (2016). Das bereits 2015 vollendete Projekt »Emotions and Digital Technologies: Mapping the Field of Research in Media Studies« bemüht sich um ein Abstecken des Forschungsfeldes. Im Abschlussbericht dazu heißt es: »This paper maps the field of study where emotions and digital technology converge«. Puche (2015). Das Projekt mit dem Titel »The impact of technology usage on love and intimacy satisfaction among Portuguese adults« behandelt u.a. technisch beeinflusste Intimitätslevel (»levels of intimacy«), die Unsitte, seinem Smartphone mehr Aufmerksamkeit zu widmen als seinem Gegenüber (»phubbing practice«) und die technologischen Effekte auf Liebesbeziehungen (»love relationships«). Gomes, Vasconcelos-Raposo, Teixeira (2021). Beim »SENSING-Projekt« geht es hingegen um technisches Empfindungsvermögen und die Weiterentwicklung desselben zur Verbesserung sensorischer Vorrichtungen. BZfM (2018).

93 Wilson nach Harris, 2019.

94 Anders: Lieben Gestern. Notizen zur Geschichte des Fühlens, S. 9.

95 »Im ersten Band der *Antiquiertheit des Menschen* nennt Günther Anders das Fehlen einer Geschichte der Gefühle »wohl das größte Desiderat der Geschichtsphilosophie und Geschichtswissenschaft«. Bereits 1956 verweist Anders auf ein Forschungsfeld, »das erst in den letzten dreißig Jahren volle Aufmerksamkeit erhielt«. Dries, Knopf (2022).

96 Anders: Antiquiertheit des Menschen I, S. 271.

97 Anders: Antiquiertheit des Menschen II, S. 280.

98 Vgl. Heidegger: Sein und Zeit, S. 69; Anders: Antiquiertheit des Menschen II, S. 280.

99 Anders: Antiquiertheit des Menschen I, S. 32.

100 Anders: Antiquiertheit des Menschen I, S. 50.

101 Ebd., 55.

102 Ebd., 55 f.

103 Ebd., 52.

104 Ebd.

105 Ebd., 54.

106 Hillenkamp: Das Ende der Liebe. Gefühle im Zeitalter unendlicher Freiheit, S. 19.

107 Schmitt: Postdigital: Medienkritik im 21. Jahrhundert, S. 27.

108 Adorno/Horkheimer: Dialektik der Aufklärung, S. 131.

109 Marx: Grundrisse der Kritik der Politischen Ökonomie, S. 14.

110 Adorno/Horkheimer: Dialektik der Aufklärung, S. 129.

111 Ebd., 128.

112 Adorno: Erziehung zur Mündigkeit, S. 62.

113 Adorno/Horkheimer: Dialektik der Aufklärung, S. 134.

114 Ebd., S. 131.

115 Vgl. Adorno: Kulturkritik und Gesellschaft 10/1, S. 339.

116 Adorno/Horkheimer: Dialektik der Aufklärung, S. 146.

117 Ebd., 148.

118 Ebd., 153.

119 Ebd., 149.

120 Ebd., 5.

121 Ebd., 142.

122 Adorno: Kulturkritik und Gesellschaft 10/2, S. 649.

123 Mühlhausen: Megatrend Selbstoptimierung? Selbstoptimierung: Der Weg zum Glück?

124 Ebd.

125 Ebd.

126 Adorno: Kulturkritik und Gesellschaft 10/1, S. 338.

127 Ebd., 343.

128 »Warum wollt ihr unseren Quatsch?« Jaron Lanier im Gespräch, in FAZ-online vom 02.07.2015.

129 Adorno/Horkheimer: Dialektik der Aufklärung, S. 126.

130 Ebd., 50.

131 Ebd., 40.

132 Adorno: Kulturkritik und Gesellschaft 10/2, S. 508.

133 Ebd., 772.

134 Vgl. Morozov: Smarte Neue Welt, 19 ff.

135 Vgl. Adorno: Kulturkritik und Gesellschaft 10/2, S. 772.

136 Ebd., 507.

137 Adorno/Horkheimer: Dialektik der Aufklärung, S. 164.

138 Morozov: Eine humane Gesellschaft durch digitale Technologien?, S. 24.

139 Adorno: Minima Moralia, S. 23.

140 Adorno/Horkheimer: Dialektik der Aufklärung, S. 173.

141 Pareyson: Wahrheit und Interpretation, S. 5.

142 Schmidt nach Geyer.

143 Metzler Online-Lexikon Philosophie Eintrag zu Alethaia.

144 Heidegger: Sein und Zeit, S. 219.

145 Diels: Die Fragmente der Vorsokratiker.

146 Heidegger: Wegmarken, S. 230.

147 Ebd., S. 228.

148 Heidegger: Wegmarken, S. 299.

149 Heidegger: Grundfragen der Philosophie, S. 209.

150 Heidegger: Heraklit, S. 139.

151 Heidegger: Wegmarken, S. 299. Die Alethaia-/Wahrheitsanalyse des frühen und mittleren Heidegger – das darf bei einem solchen thematischen Anriss nicht fehlen – wird im Spätwerk revidiert. Im 1966 erschienen Vortrag »Das Ende der Philosophie und die Aufgabe des Denkens« wird die Gleichsetzung von Alethaia und Wahrheit explizit aufgegeben (vgl. Hildebrandt: Weltzustand Technik. Ein Vergleich der Technikphilosophien von Günther Anders und Martin Heidegger, S. 122 f.).

152 Ebd., S. 345.

153 Heidegger: Sein und Zeit, S. 223.

154 Hildebrandt: Weltzustand Technik. Ein Vergleich der Technikphilosophien von Günther Anders und Martin Heidegger, S. 123 f. Vgl. auch Tugendhat: Der Wahrheitsbegriff bei Husserl und Heidegger, S. 354.

155 In diesem Absatz stehen Fromulierungen, die aus einem vom Autor verfassten früheren Buch stammen. Vgl. Postdigital: Medienkritik im 21. Jahrhundert, 2021.

156 Adorno: Negative Dialektik. Jargon der Eigentlichkeit, S. 175.

157 Ebd., S. 27.

158 Ebd., S. 21.

159 Wittgenstein: Tractatus logico-philosophicus. Logisch philosophische Abhandlung, S. 7.

160 Liessmann: Die großen Philosophen und ihre Probleme, 2003, S. 89.

161 Hegel: Wissenschaft der Logik, S. 73.

162 Liessmann: Die großen Philosophen und ihre Probleme, 2003, S. 90; Hegel: Wissenschaft der Logik, S. 82.

163 Anders: Ketzereien., S. 54.

164 Ebd.

165 Ebd., S. 241.

166 Ebd.

167 McLuhan: Das Medium ist die Botschaft, 2001, S. 111 f.

168 Herder: Abhandlung über den Ursprung der Sprache, S. 122.

169 Nietzsche: Über Wahrheit und Lüge im außermoralischen Sinne, S. 13 f.

170 Ebd., S. 15.

171 Nietzsche: Nachgelassene Fragmente, KSA 11, S. 633f.

172 Ebd., S. 11.

173 Ebd.

174 Nietzsche: Ecce Homo, KSA 6, S. 258 f.

175 Nietzsche: Nachgelassene Fragmente, KSA 11, S. 506.

176 Platon: Hippias minor, S. 367.

177 Ebd., S. 368.

178 Ebd., S. 372.

179 Ebd., S. 376.

180 Sartre: Das Sein und das Nichts, S. 120 f.

181 Haefeli: Durchschnittlich lügt jeder 25 Mal am Tag.

182 Horkheimer/Adorno: Dialektik der Aufklärung, S. 126.

183 Vgl. ebd., S. 101.

184 Adorno: Minima Moralia, S. 143 f.

185 Adorno: Theorie der Halbbildung, S. 23.

186 Adorno: Minima Moralia, S. 145.

187 Anders: Antiquiertheit I, S. 15.

188 Ebd.

189 Platon: Theaitetos, 2003, S. 68.

190 Vgl. ebd., S. 38.

191 Taureck: Sophisten, 1995, S. 98-99.

192 Empiricus, 1968, S. 217 (zit. nach Taureck, 1995, S. 102).

193 Ebd.

194 Platon: Theaitetos, 2003, S. 67.

195 Ebd., S. 72.

196 Ebd., S. 73.

197 In Eberts Platon-Studien zeigt sich, »dass gerade jene Stellen im Werk Platons, die man bislang immer für Aussagen über die Ideenmetaphysik verstanden hatte, gar nicht die Theorie formulieren wollen, die aus ihnen herausgelesen wurde. In der eigentümlich indirekten Mitteilungsform des sokratischen Gesprächs wurden sie vielmehr als eine Theorie des Erkennens und Wissens formuliert, die jedoch nicht primär an der Frage der Herkunft der in der Erkenntnis benutzten Begriffe, nach den apriorischen oder empirischen Elementen des Wissens orientiert ist, sondern an der Frage nach den Bedingungen des Übergangs von der bloßen Meinung zum Wissen. Dabei besteht die Originalität dieser Fragestellung wiederum darin, dass Platon dem Wissen nicht eine Vielzahl von Formen des Irrtums gegenübergestellt sieht, sondern ihm einen Opponenten in jener Meinung gibt, die zu wissen meint, was das Wissen ist, die Wissen unhinterfragt nach dem Modell des Kennens und wahrnehmbarer Objekte versteht. Jene für das griechische vierte Jahrhundert so archaisch anmutende These der ›Wiedererinnerung‹ des Wissens ließ sich nun ebenso als eine metaphorische Darstellung des Weges von einem vermeintlichen Wissen zur Einsicht verstehen wie die Parabel von Gefangenschaft und Befreiung im Höhlengleichnis.« Ebert: Meinung und Wissen in der Philosophie Platons, 1974, S. 210.

198 Platon: Theaitetos, 2003, S. 99.

199 Ebd., S. 113.

200 Ebd.

201 Adorno: Negative Dialektik. Jargon der Eigentlichkeit, S. 51.

202 Ebd.

203 Adorno, Horkheimer: Dialektik der Aufklärung, S. 10.

204 Ebd.

205 Vgl. ebd.

206 Ebd.

207 Duden, 1985, S.760.

208 Wahrig Lexikon, 1986, S.1441.

209 Postman: Die zweite Aufklärung. 1999, S. 113.

210 Mumford: Technics and Civilization, 1963, S. 16.

211 Sontag: On Photography, 1977, S. 22.

212 Vgl. hierzu Shirky: Here Comes Everybody. The Power of Organizing without Organizations. 2009, S. 5 ff. Der Medienexperte betont die organisierenden Kräfte des Internets und das Wegfallen der eigenen Verwaltungs- und Organisationsleistungen.

213 Baudrillard: Agonie des Realen, 1978, S. 9.

214 Bunz: Die stille Revolution, 2012, S. 60 f.

215 Vgl. Arendt: Wahrheit und Lüge in der Politik, 1972, S. 84.

216 Bunz: Die stille Revolution, 2012, S. 31.

217 Ebd., S. 32.

218 Ovid: Metamorphosen XII, S. 437 f.

219 Vgl. hierzu Schmitt: Postdigital: Medienkritik im 21. Jahrhundert, S. 47 ff.

220 Restle: Stürmische Zeiten – Was dürfen Medien?

221 Barry Levinson, Regisseur und Produzent des Filmes Wag the Dog, zitiert nach dem dokumentarischen Hintergrundmaterial »Von Washington nach Hollywood« der DVD Wag the Dog erschienen bei Concorde Home Entertainment, produziert von Mark Rance; Min. 23, Sek. 30.

222 Freud: Traumdeutung, S. 3.

223 Freud zitiert in seinem berühmten Werk eine an Makrobius und Artemidoros angelehnte Unterteilung: »1. die direkte Weissagung, die man im Traume empfängt *(oraculum)*, 2. das Voraussagen eines bevorstehenden Ereignisses *(opapa, visio)*, 3. der symbolische, der Auslegung bedürftige Traum *(ovtipos, somnium)*. Diese Theorie hat sich viele Jahrhunderte hindurch erhalten.«

224 Freud: Traumdeutung, S. 3.

225 Budarch nach Freud: Traumdeutung, S. 7.

226 Kant: Träume eines Geistersehers, erläutert durch Träume der Metaphysik, S. 209 (32).

227 Ebd., S. 215 (38).

228 Hildebrandt nach Freud: Traumdeutung, S. 9.

229 Ebd., S. 10.

230 Freud: Traumdeutung, S. 16.

231 Nietzsche: Menschliches, Allzumenschliches, KSA 2, S. 27.

232 Freud: Traumdeutung, S. 11.

233 Ebd., S. 20.

234 Ebd. S. 520.

235 Ebd., S. 53.

236 Troxler: Blicke in das Wesen des Menschen, S. 133.

237 Anders: Die Positionen Wachen-Schlafen. Ein relativierender Exkurs, S. 128.

238 Liessmann: Alle Lust will Ewigkeit: Mitternächtliche Versuchungen, S. 88.

239 Nancy: Vom Schlaf, S. 31.

240 Nietzsche: Die Geburt der Tragödie, KSA 1, S. 28.

241 Schopenhauer: Die Welt als Wille und Vorstellung, S. 665 f.

242 Ebd., S. 675.

243 Ebd., S. 671.

244 Nietzsche: Menschliches, Allzumenschliches, KSA 2, S. 39.

245 Nietzsche: Also sprach Zarathustra, KSA 4, S. 285 f.

246 Nietzsche: Die fröhliche Wissenschaft, KSA 3, S. 349.

247 Ebd., S. 350.

248 Nietzsche: Also sprach Zarathustra, KSA 4, S. 401.

249 Schopenhauer: Die Welt als Wille und Vorstellung, S. 251 f.

250 Ebd., S. 266.

251 Schopenhauer: Metaphysik des Schönen, S. 92.

252 Ebd., S. 253.

253 Ebd., S. 264.

254 Nietzsche: Die Geburt der Tragödie, KSA 1, S. 28 ff.

255 Schopenhauer: Handschriftlicher Nachlass (zit. nach Frauenstädt: Schopenhauer-Lexikon. Ein philosophisches Wörterbuch nach Arthur Schopenhauers sämtlichen Schriften und handschriftlichem Nachlaß, 1871, S. 373.

256 Stern: Philosophische Untersuchungen über musikalische Situationen (Typoskript aus dem Nachlass Günther Anders), 1930/31, S. 46

257 Ebd., S. 36 f.

258 Ebd., S. 51.

259 Hegel: Ästhetik III, S. 156. Heidegger führt in diesem Zusammenhang die »Sorge« als Grundemotion des Menschen gegenüber seiner Zeitlichkeit und Endlichkeit an.

260 Hegel: Enzyklopädie II, S.49.

261 Handschin: Der Toncharakter. Eine Einführung in die Tonpsychologie, 1995, S.118 (zit. nach Billeter, Sackmann: Musiktheorie und musikalische Praxis. Die Musik in Hegels Ästhetik, 2004, S. 85).

262 Vgl. Hegel: Ästhetik I, S. 19.

263 Hegel: Ästhetik II, S. 281.

264 Hegel: Ästhetik III, S. 135.

265 Husserl: Cartesianische Meditationen und Pariser Vorträge, 1950, S. 52.

266 Mit dieser Erkenntnis gerät Anders mit seinem Lehrmeister in eine Art medialen Streit. Denn Husserls »Bevorzugung des Optischen in der Phänomenologie« hatte zur Folge, dass er im spezifisch Optischen hängen blieb. Sein Ansatz war hinsichtlich akustischer Analysen schlichtweg unvollständig. Deshalb versetzte Husserl (laut Anders) deren gemeinsame phänomenologische Analysen der nicht-optischen Sinne »›in große Verlegenheit‹, ›weil bei diesen seine angeblich schlechthin gültige Unterscheidung zwischen intentionalem Akt und intentionalem Gegenstand dubios wurde‹.« (Anders-Interviews 26, zit. nach Ellensohn, 2008, S. 30). Anders erkannte in der Vernachlässigung des Akustischen eine »mediale« Lücke und erklärte sie zum Desiderat seiner »Phänomenologie des Zuhörens«.

267 Ellensohn: Der andere Anders. Günther Anders als Musikphilosoph, 2008, S. 30.

268 Hegel: Ästhetik III, S. 133

269 Stern: Philosophische Untersuchungen über musikalische Situationen (Typoskript aus dem Nachlass Günther Anders), 1930/31, S. 143.

270 Ebd., S. 129 f., S. 137.

271 Vgl. Liessmann: Günther Anders – Philosophieren im Zeitalter der technologischen Revolutionen, 2002, S.90.

272 Nietzsche: Nachgelassene Fragmente, KSA 12, S. 149.

273 Liessmann: Philosophie des verbotenen Wissens, S. 40.

274 Ebd.

275 Nietzsche: Über Wahrheit und Lüge im außermoralischen Sinne, S. 11.

276 Ebd.

277 Ebd.

278 Nietzsche: Die Geburt der Tragödie, KSA 1, S. 24.

279 Ebd., S. 57.

280 Ebd., S. 47.

281 Vgl. Augustinus: Bekenntnisse, S. 331.

282 Arendt: Vom Leben des Geistes: Das Denken – Das Wollen, 206.

283 Platon beschrieb die Zeit als »bewegtes Bild der Ewigkeit« (Platon: Timaios 37d).

284 Opstaele: Politik, Geist und Kritik: eine hermeneutische Rekonstruktion von Hannah Arendts Philosophiebegriff, S. 91.

285 Arendt: Vom Leben des Geistes: Das Denken – Das Wollen, 205.

286 Wittgenstein: Tractatus logico-philosophicus. Logisch-philosophische Abhandlung, S. 113.

287 Gibran: Der Prophet, S. 64.

288 Goethe: Vermächtnis.

289 Huxley: Die Pforten der Wahrnehmung. Himmel und Hölle. Erfahrungen mit Drogen, S. 15 f.

290 Ebd., S. 16.

291 Heidegger: Grundfragen der Philosophie, S. 209.

292 Heidegger: Heraklit, S. 139.

293 Huxley: Die Pforten der Wahrnehmung. Himmel und Hölle. Erfahrungen mit Drogen, S. 18.

294 Whitman: Leaves of Grass, S. 14.

295 Nietzsche: Unzeitgemäße Betrachtungen, KSA 1, S. 127.

296 Ebd., S. 98.

297 Ebd.

298 Schopenhauer: Die Welt als Wille und Vorstellung, S. 675 f.

299 Freud: Jenseits des Lustprinzips, S. 36.

300 Die Todesangst des Eichhörnchens beispielsweise müssen wir als einen Affekt klassifizieren, der dem Eichhörnchen selbst nicht erklärlich ist. Es durchleidet die Todesangst täglich und weiß doch nicht, warum es diesem Reflex, der sein Überleben sichert, ausgeliefert ist. Abgesehen davon lebt das Tier in einem Zustand der Unbewusstheit von sich als Individuum und seinem Tod. Schopenhauer sieht in der Todesfurcht einen allen Lebewesen zukommenden apriorischen Affekt, der Kehrseite des allumfassenden Willens sei. Vgl. Schopenhauer: Die Welt als Wille und Vorstellung, S. 539.

301 Schopenhauer: Die Welt als Wille und Vorstellung, S. 536 f.

302 Ebd., S. 540.

303 Ebd., S. 540 f.

304 Ebd., S. 541.

305 Ebd.

306 Ebd., S. 542.

307 Ebd., S. 561.

308 Freud: Zeitgemäßes über Krieg und Tod, S. 33 f.

309 Epikur: Wege zum Glück, S. 2.

310 Reményi: Der Tod als Grenze des Lebens und des Denkens Eine thanatologische Skizze, S. 143 f.

311 Heidegger: Sein und Zeit, S. 187.

312 Heidegger: Metaphysische Anfangsgründe der Logik im Ausgang von Leibniz, S. 159.

313 Heidegger: Sein und Zeit, S. 188.

314 Sartre: Der Existentialismus ist ein Humanismus, S. 148 f.

315 Sartre: Das Sein und das Nichts, S. 938.

316 Ebd., S. 833.

317 Jacobi: J.-P. Sartres Weg zu einer Philosophie der konkreten Praxis, S. 118.

318 Vgl. Foucault: Das Wahrsprechen des Anderen, S. 16, und Focault: Diskurs und Wahrheit. Die Problematisierung der Parrhesia, S. 10.

319 Foucault: Dispositive der Macht, S. 53.

320 Vgl. Brieler: Die Unerbittlichkeit der Historizität. Foucault als Historiker, S. 587.

321 Foucault: Dispositive der Macht, S. 51.

322 Ebd., 54.

323 Ebd.

324 Foucault: Die Ordnung des Diskurses, S. 17.

325 Die Bedeutung von parrhesia hat sich bereits im antiken Griechenland grundlegend gewandelt. In einer frühen Textstelle bei Aischylos wird parrhesia als »freche Rede« übersetzt. Noch für Platon ging parrhesia einher mit einer gewissen Zügellosigkeit und Schranken-

losigkeit und war als Verhalten innerhalb in einer Gemeinschaft eher negativ behaftet. Im Unterschied dazu verweist einige Jahrzehnte später für Aristoteles parrhesia bereits auf ein Handeln nach strengen vernunftgeleiteten Kriterien. Der sogenannte parrhesiastes greift bei ihm in das politische Geschehen tugendhaft ein, indem er im Gegensatz zum Schmeichler dem Tyrannen offen entgegentritt (Vgl. Raaflaub: Des freien Bürgers Recht der freien Rede. Ein Beitrag zur Begriffs- und Sozialgeschichte der athenischen Demokratie, S. 22 ff. Vgl. auch Foucault: Diskurs und Wahrheit. Die Problematisierung der Parrhesia, S. 9 ff.

326 Foucault: Das Wahrsprechen des Anderen, S. 35.

327 Vgl. Foucault: Die Regierung des Selbst und der anderen, S. 219.

328 Ebd., S. 380.

329 Foucault: Was ist Kritik?, S. 12.

330 Arendt: Hannah Arendt im Gespräch mit Joachim Fest, 1964, https://www.hannaharendt.net/index.php/han/article/view/114/194.

331 Marx: Zur Kritik der Hegelschen Rechtsphilosophie, S. 385.

332 Foucault: Die Regierung des Selbst und der anderen, S. 201 f.

333 Ebd., S. 223.

334 Ebd., S. 235 f.

335 Ebd., S. 236.

336 Foucault: Die Regierung des Selbst und der anderen II, S. 373.

337 Ebd., S. 405.

338 Ebd., S. 438.

339 Harari nach Gebhardt (2021).

340 Anders: Antiquiertheit I, S. 91.

341 Harari: Why humans run the world.

342 Bauer: Die Vereindeutigung der Welt. Über den Verlust an Mehrdeutigkeit und Vielfalt, S. 95.

343 Sadin: Künstliche Intelligenz. Das geht zu weit!

344 Exemplarisch für »falsche Gedanken«, die man sich im Social-Media-Zeitalter macht, steht die schier unendliche Menge an Lebenshilfetipps zum Thema »Overthinking«. Das »Sich-zu-viel-Gedanken-Machen« ist nach Auffassung vieler Influencer das größte Hindernis beim Erreichen von Zielen. Vgl. exempl. https://www.forbes.com/health/mind/what-causes-overthinking-and-6-ways-to-stop/ oder https://www.instagram.com/p/CCV7ze9JUdx/.

345 Nietzsche: Über Wahrheit und Lüge im außermoralischen Sinne, S. 11.

346 Schopenhauer: Die Welt als Wille und Vorstellung, S. 560.